EVOLUÇÃO REMUNERATÓRIA DOS TITULARES DE CARGOS POLÍTICOS EM PORTUGAL, DESDE 1974

Rui Filipe Santos

Rui Filipe Santos

Mestre em Ciência Política pela Universidade Lusófona de Humanidades e
Tecnologias de Lisboa
Licenciado em Ciência Política e Relações Internacionais pela Universidade
Lusófona de Humanidades e Tecnologias de Lisboa

EVOLUÇÃO REMUNERATÓRIA DOS TITULARES DE CARGOS POLÍTICOS EM PORTUGAL, DESDE 1974

EVOLUÇÃO REMUNERATÓRIA DOS TITULARES DE CARGOS POLÍTICOS EM PORTUGAL, DESDE 1974

AUTOR
RUI FILIPE SANTOS

EMAIL: rui.filipe.santos@sapo.pt

Janeiro 2015

ISBN: 1507604173
ISBN-13: 9781507604175

"O político deve ter: paixão por sua causa; ética em sua responsabilidade; mesura em suas actuações."

Max Weber

AGRADECIMENTOS

Agradeço em primeiro lugar ao Professor Doutor Adelino Torres, pelo seu profissionalismo, análise crítica, confiança, disponibilidade e forma empenhada que sempre demonstrou na supervisão deste trabalho.

Ao Professor Doutor José Filipe Pinto agradeço todo o saber, rigor e espírito crítico que em mim conseguiu incutir.

À Universidade Lusófona, instituição à qual, com grande orgulho, me sinto afectivamente vinculado agradeço a oportunidade que me foi dada e tudo farei para a prestigiar no futuro.

PREFÁCIO

A Ética do Serviço Público assinala aos servidores do Estado[1] a adoção de condutas corretas e transparentes. A correção consiste em fazer o que deve ser feito; a transparência é visibilidade, limpidez, ausência de sombras, de cortinas, clareza de procedimentos, prestação de contas[2].

Qualidade de poder vir ao sol sem reparo, a transparência não é apenas ausência de propósito de esconder: é também atitude positiva, incentivadora de avaliação, mediante a implementação de mecanismos de visibilidade e descodificação que permitam e facilitem aos cidadãos a apreciação da atividade governativa, tornando significante o princípio da «administração aberta[3]». Acrescendo aos procedimentos de acesso à documentação administrativa[4], as tecnologias da informação vieram permitir que multiplicidade de dados referentes a atos e processos complexos possam ser acedidos pelos cidadãos. Assim, o acompanhamento da ação governativa torna-se forma de participação suscetível de gerar confiança e induzir outros modos de tomar parte na vida política.

---

[1]Esta expressão de rico conteúdo semântico tem caído em desuso entre nós sendo progressivamente substituída, quanto aos servidores administrativos, pelos termos "funcionário", "empregado", "trabalhador". De observar, no entanto, que o conceito de "servidor" é distinto do funcionário sendo este diferente de simples "empregado" e mais ainda de mero "trabalhador", ainda que "em funções públicas". Dir-se-á que se trata de bizantinices: parece, no entanto, que as conotações culturais têm peso nos comportamentos e não se afirma, quanto a nós, a especificidade da Ética do Serviço Público sem um notável suporte cultural.

[2]O *Dicionário Online de Português* regista, para a aceção política do termo «transparência»: "Preceito através do qual se impõe à administração pública a prestação de contas de suas ações, através da utilização de meios de comunicação".

[3]Cf. Artigo 268.º, n.ºs 1 e 2, da Constituição e artigo 65.º do Código do Procedimento Administrativo.

[4]Cf. Lei n.º 46/2007, de 24 de agosto: Lei de Acesso à Documentação Administrativa; Lei nº 46/2007, de 24 de Agosto de 2007: Regula o acesso aos documentos administrativos e a sua reutilização.

Boas práticas promotoras de transparência da governação são de assinalar, também entre nós com portais temáticos públicos em vários domínios, como o *Portal das Compras Públicas* ou o *Portal de Dados*[5], sendo que outras administrações instituíram portais genéricos de transparência patenteando multiplicidade de informações da governação, incluindo as atinentes aos salários suportados pelo erário público.

Quanto a este particular da transparência dos salários, a Revolução de Abril nascente[6] introduziu moda breve que, das empresas, se estendeu a outras organizações, incluindo públicas: listas nominativas das remunerações dos colaboradores, mesmo quadros e gestores, eram afixadas permitindo um conhecimento generalizado das retribuições auferidas[7].

Esta reivindicação de transparência retributiva não teve, porém, grandes repercussões nos serviços públicos por o sistema remuneratório ser simples, claro e bem conhecido. De facto, ao 25 de Abril, os salários dos funcionários públicos continuavam definidos por uma grelha de posições referenciadas pelas letras do alfabeto, fixadas em 1935 pelo Decreto-Lei n.º 26 115, de 23 de novembro, com alguns ajustamentos introduzidos pelo Decreto-Lei n.º 49 410, de 24 de novembro de 1969.

Esta grelha de 21 posições salariais – da letra A à letra U – só viria a ser abolida, trinta e cinco anos mais tarde, em 1989, com o início de implementação do designado Novo Sistema Retributivo da Administração Pública [NSR], balizado pelos Decretos-Leis n.º 184/89, de 2 de junho, e n.º 353-A/89, de 16 de outubro.

Naturalmente mais ajustado às reivindicações do funcionalismo, este novo sistema salarial – para além das repercussões económicas e políticas – introduziu um elevado grau de opacidade pela multiplicidade de regimes especiais que potenciou, dificultando a comparabilidade e, assim, alimentando o questionamento salarial dos trabalhadores do Estado.

De facto, a contrapartida do trabalho, particularmente na Administração Pública, assume um caráter compósito, em que o salário – salário base ou

---

[5]Portal das Compras Públicas: https://compraspublicas.com/ ; Portal de Dados: https://.www.dados.gov.pt

[6]Cf. Santos, M. L. L., Lima, M. P. & Ferreira, V. M. – *As lutas sociais nas empresas e a revolução do 25 de Abril*, acedido em 2014-01-30, em http://analisesocial.ics.ul.pt/documentos/1223912536X9tKN2tt9MI35AU3.pdf

[7]Este impulso pela transparência salarial conduziu à eliminação tendencial de remunerações ocultas como as «surdas» e à circunscrição da obrigatoriedade social das gorjetas.

contrapartida monetária regular – constitui apenas um dos elementos retributivos[8]. Mesmo quando a «administração patrimonialista» cedeu o passo ao «modelo burocrático» – processo este ainda há pouco consolidado entre nós[9] – o ingresso na coorte do funcionalismo continuou fomentado por incentivos alheios à folha salarial. Para além do vencimento regular, o aliciante do setor público resultava muito da estabilidade de emprego, dos benefícios diferidos, do prestígio do trabalho para o Estado.

Ora, se tais considerações – apesar da ótica da privatização apostar na dominação da Gestão Pública – continuam em boa parte válidas para os servidores administrativos do Estado bem mais ajustadas parecem quando se fala dos agentes políticos, cuja retribuição não reside essencialmente no salário enquanto regular prestação pecuniária.

A tal propósito, seja permitido relembrar que a teoria do Marketing encara o salário como determinante da troca entre empregador e prestador de trabalho[10]. Mas a contrapartida remuneratória é entendida como valor ou conjunto de benefícios suficientemente aliciantes para que a troca voluntária entre salário e emprego possa ter lugar.

Porém, a troca que envolve o servidor político do Estado não assume – pelo menos concetualmente e pese embora o engodo da 'profissionalização'[11] – o caráter de relação laboral.

---

[8]Cf. Capítulo III do Código do Trabalho: O n.º 2 do artigo 258.º esclarece que "A retribuição compreende a retribuição base e outras prestações regulares e periódicas feitas, direta ou indiretamente, em dinheiro ou em espécie".

[9]Cf.«Pacote legislativo» de 25 de junho de 1979: Decreto Lei n.º 191/A – Aposentação; Decreto Lei n.º 191/ B – Pensões de sobrevivência; Decreto Lei n.º 191/C – Reestruturação de carreiras; Decreto Lei n.º 191/D – Estatuto disciplinar; Decreto Lei n.º 191/E – Revisão dos vencimentos; Decreto Lei n.º 191/ F– Regime do pessoal dirigente.

[10]Cf. Kotler, Ph. (1978). *Marketing para organizações que não visam o lucro*. São Paulo: Atlas, pág. 40; Kotler, Ph. & Armstrong, G. (1996). *Principles of Marketing*. New Jersey: Prentice Hall International Editions, pág. 9-10.

[11]"Por outro lado, os deputados – todos nós sabemos isso – fazendo um mandato de 4 anos, desejam fazer um outro mandato. Então, se for um deputado jovem fica prisioneiro do sistema. É que, se estava a terminar um curso ou mesmo que o tenha terminado não está a trabalhar na sua área e tende a tornar-se num político profissional. Então, tem de estar de acordo com o líder, não contestar, não fazer ondas, para continuar a ser candidato a deputado". Cf. Entrevista de Isaltino de Morais em Quadros, E. J. (2012). A Ética no Poder Local – o caso de Oeiras. Tese apresentada à Faculdade de Ciência Política, Lusofonia e Relações Internacionais da Universidade Lusófona de Humanidades e Tecnologias para obter o grau de doutor, orientada por José Filipe Pinto, Lisboa, Volume II, Apêndice 2.1.

É certo que de há muito se perdeu o antigo sentido social da atividade política como serviço gracioso à comunidade[12] talvez por, assim, apenas poder ser desempenhada pelos 'bons' ou 'melhores', na aceção dos mais ricos.

Aliás, a circulação das elites proporcionada pela Revolução suscitou da atividade política contrapartidas não apenas honoríficas e de apreço social. A dedicação à política em Portugal já não é apenas motivada por ideais de serviço que aproximavam a postura do servidor das *res publica* com a do servidor dos altares, das *res sancta*.

No entender de político bem experiente, o "interesse" pode hoje ser bem relevante na opção pela atividade política: "Em meu entender, estão lá uns [na Política], por espírito de missão, outros, compreendo que por interesse", considera Isaltino Morais que distingue, pois, diferentes situações: "De facto, um indivíduo que é funcionário, que ganha 1.500 Euros por mês, ir para deputado ganhar 4.000, compensa, é bom. Um outro, que é professor universitário, a ganhar 4.000 ou 4.500, ir para ministro ganhar 5.000, é quase a mesma coisa". Porém, ainda segundo o mesmo depoimento, "quem tem ordenados de 20, 30 ou 40 mil Euros por mês já tem de ter espírito de missão para ir para o Governo"[13].

Ora, se no passado se dizia que importante não era ser governante antes tê-lo sido, de há anos que alguns profissionais da política demonstram menos paciência para aguardar por eventual diferida retribuição da atual dedicação à causa pública. «Melhores salários, já!», parece suposto slogan reivindicativo de alguns políticos no ativo. Porém, a hipocrisia política aparentemente cada vez mais cultivada, inventou outra embalagem para justificar progressivas melhorias retributivas dos políticos. Trata-se, sempre e naturalmente, da «dignificação das instituições» como se os exemplos de figuras como Manuel Fernandes Tomás ou de Teófilo Braga melhor não demonstrassem o privilégio da confiança dos cidadãos nos titulares de cargos políticos e no apreço pelas instituições democráticas.

---

[12] O Código Administrativo que, em boa parte, perdurou para aquém da Revolução dos Cravos estipulava a gratuitidade do exercício de diferentes cargos políticos autárquicos, designadamente, de vogal de Conselho Municipal (Artigo 19º), vereador de Câmara Municipal (Artigo 40º) e vogal de Junta de Freguesia (Artigo 19º).

[13] Cf. Entrevista de Isaltino de Morais, loc. cit.

Assim, para além da atualização das prestações pecuniárias, vem recorrentemente o Parlamento a rever o estatuto dos titulares de cargos políticos[14], pretextando a referida dignificação mas também a compensação de ónus de «incompatibilidades» e de «impedimentos». de exercício de outras atividades. Através da elaboração e alteração de mais de meia centena de Leis, a Assembleia da República configurou um estatuto dos cargos políticos, em que, por vezes o vencimento do cargo parece não implicar sequer contraprestação de atividade[15]. O resultado final parece um sistema remuneratório questionável quanto à sua equidade interna e externa e cuja transparência se não afigura suficientemente diáfana.

Estas questões de ética, transparência e equidade – em que nos alongámos em pistas de reflexão – são as coordenadas em que se move a investigação que este livro apresenta.

Deste modo, não por piedosas razões moralistas, antes por inquietude de legitimação de políticas que, atingindo a maioria dos cidadãos, questionam o próprio regime democrático. De facto, salienta o autor que "as políticas de baixa salarial [a que o país está subjugado], associadas às sucessivas crises políticas, aumentam a indignação e a desconfiança dos cidadãos sobre a classe política e o modo como esta gere os destinos do país".

Dois outros elementos do panorama político ferem a atenção do investigador: por um lado, "o proliferar de situações dúbias" nas relações entre o público e o privado, relevando "conflitos de interesse" não acautelados por adequada regulamentação; por outro lado, as "críticas relativas aos vencimentos e outros direitos remuneratórios [dos políticos. que podem conduzir à] "descrença em relação [aos mesmos] e ao próprio sistema político [causando ao] "regime democrático sérios danos".

---

[14]"Estatuto" entende-se aqui apenas como conjunto de direitos, sendo que, como é explicado neste livro, consta de diferentes instrumentos legais, designadamente, Regime de remuneração do Presidente da República, Estatuto Remuneratório dos Titulares de Cargos Políticos, Estatuto dos Deputados, Estatuto do Representante da República nas Regiões Autónomas, Estatuto dos Eleitos Locais, Estatuto do Provedor de Justiça, Estatuto do pessoal dos Gabinetes Ministeriais. No Estatuto se compreendem, designadamente, vencimentos, abonos certos para despesas de representação, ajudas de custo, outros abonos como senhas de presença, subvenções vitalícias, subsídios de reintegração, outros privilégios e regalias.
[15]Tais são os diferentes abonos ligados ao exercício de atividades específicas como acontece na Assembleia da República.

Neste contexto de «crise», a investigação pretendeu averiguar se nas diferentes conjunturas económicas da experiência democrática de Abril, os políticos souberam equilibrar o seu estatuto retributivo com as políticas salariais definidas para os cidadãos. Dito de outro modo, tratou de esclarecer se, ao longo das quatro décadas de democracia – significativas de outras tantas conjunturas económicas que identifica e caracteriza – os salários dos políticos foram definidos de modo congruente com a estipulação do salário mínimo, mínimo nacional e mínimo para a Administração Pública.

O estudo assumiu limitar a análise do estatuto salarial dos titulares de cargos políticos aos respetivos "vencimentos", não se ocupando dos "outros direitos remuneratórios" nem tampouco de "regalias complementares de curto e longo prazo" que, como se aflorou, em boa parte se enquadram no sistema retributivo dos políticos.

Naturalmente que a evolução salarial dos titulares de cargos políticos não poderia ser desligada da observação do regime de restrições ao exercício de outras atividades profissionais, considerando, pois, a progressiva definição de incompatibilidades e impedimentos[16].

Definidos os objetivos e delimitada, assim, a problemática da investigação, o estudo conjuga, ao longo de quatro capítulos – distinguindo outras tantas conjunturas económicas – a evolução dos vencimentos dos políticos com a dos salários mínimos nacionais.

Os resultados da investigação, que decorrem de capítulo a capítulo, são evidenciados na conclusão do estudo.

Não iremos aqui relevá-los para não minorar a descoberta do leitor. Em todo o caso, uma ideia geral parece emergir do estudo: os fazedores das leis – com seus *lobbys* e outros *stakeholders*, acrescentar-se-á – nem sempre são tão diligentes em prover ao bem geral quanto ao interesse próprio.

---

[16]O regime de incompatibilidades e impedimentos assume particular relevância no caso dos Deputados à Assembleia da República. Em nosso entender, as recorrentes alterações ao regime configuram claro exemplo de burocrático círculo vicioso que não se resolve por ímpeto legisferante. As iniciativas legislativas neste domínio permitem alimentar a retórica mas não parecem adequadas a duradoiramente gerar confiança do eleitorado e a legitimar atuações dos atores políticos.

Porém, o leitor encontrará na obra outras pistas de interpretação de atuações da classe política em Portugal que lhe permitam reflexão e desenvolvimento de esclarecida participação política[17].

Elias Quadros

Professor da Universidade Lusófona

---

[17]Parabéns ao Autor que – em paralelo com obrigações profissionais – vem, com seriedade e consistência, adquirindo qualificações académicas superiores. Tal esforço e dedicação proporcionar-lhe-ão seguramente novos sucessos, animado por quantos o conhecem e lhe querem bem assim como pelos leitores desta obra. A isenção e rigor que ela evidencia – inclusive no tratamento dos dados estatísticos em que o estudo largamente se apoia e são evidenciados em Apêndices – serão por certo tributários do acompanhamento do Senhor Professor Doutor Adelino Torres que orientou a elaboração da Dissertação em que se baseia este livro. Ao eminente Professor, um cumprimento de respeito e admiração por sua postura de vida e brilhante carreira de ensino e investigação que ainda tem encontrado espaço para recorrente convívio com as Musas para deleite de seus admiradores.

RESUMO

A discussão em torno dos direitos remuneratórios da classe política tem suscitado, sobretudo nos anos mais recentes, bastante controvérsia na sociedade portuguesa, chegando-se mesmo a questionar, se os vencimentos que auferem não serão excessivamente altos, tendo em conta a grave crise económica, política e social que o país atravessa e, à qual não isento de culpas, estão directamente ligados os titulares de cargos políticos que pelas características inerentes à sua condição de representatividade, estão mais expostos à avaliação crítica da sociedade.

Assim, o presente estudo desenvolvido pretende demonstrar num primeiro momento, se a aplicação dos direitos remuneratórios se coadunou com as diversas conjunturas económico-político-sociais verificadas no país desde 1974, através de uma análise sucinta e precisa da evolução dos vencimentos e do Estatuto Remuneratório dos Titulares de Cargos Políticos, tendo em conta, a sua relação jurídica com o Regime Jurídico de Incompatibilidade e Impedimentos.

Em reflexo disso, num segundo momento será analisada a evolução global dos vencimentos dos respectivos titulares, por forma a determinar a tendência para o qual evoluem.

Por fim, em resultado da análise efectuada à evolução remuneratória dos Titulares de Cargos Políticos é proposto um conjunto de alterações e recomendações necessárias para reformar e melhorar o actual modelo remuneratório.

PALAVRAS CHAVE: Administração Pública, Estatuto Remuneratório, regime de exclusividade, remuneração, vencimento, tendência.

ABREVIATURAS

CEE - Comunidade Económica Europeia

CRP - Constituição da República Portuguesa

DAR - Deputados da Assembleia da República

DPAR - Deputados da Presidência da Assembleia da República

ERTCP - Estatuto Remuneratório dos Titulares de Cargos Políticos

FMI - Fundo Monetário Internacional

JPTC - Juiz Presidente do Tribunal Constitucional

JSTJ - Juízes do Supremo Tribunal de Justiça

JTC - Juízes do Tribunal Constitucional

LTC - Lei do Tribunal Constitucional

M - Ministros

ME - Ministro do Estado

MNE - Ministro dos Negócios Estrangeiros

MRRA - Ministro da República para as Regiões Autónomas

PAR - Presidente da Assembleia da República

PIB - Produto Interno Bruto

PM - Primeiro-Ministro

PR - Presidente da República

PSTJ - Presidente do Supremo Tribunal de Justiça

RJII - Regime Jurídico de Incompatibilidades e Impedimentos

RRPR - Regime Remuneratório do Presidente da República

RRRA - Representante da República nas Regiões Autónomas

SE - Secretário de Estado

SMAP - Salário Mínimo da Administração Pública

SMSP - Salário Médio do Sector Privado

SMN - Salário Mínimo Nacional

SUBSE - Subsecretário de Estado

TACP - Titulares de Altos Cargos Públicos

TCP - Titulares de Cargos Políticos

TOS - Titulares de Órgãos de Soberania

UE - União Europeia

UEM - União Económica e Monetária

VPM - Vice Primeiro-Ministro

ÍNDICE GERAL

INTRODUÇÃO

A súbita crise económica e financeira que apanhou a sociedade em geral desprevenida e que actualmente assola o país, não sendo inédita é, de entre as três crises que se verificaram ao longo dos quarentas anos de regime democrático, a mais grave e duradoura.

Consequentemente, com a profunda crise social[1] que entretanto se instalou, assiste-se ao desenvolvimento de políticas de baixa salarial que, associadas às sucessivas crises políticas, aumentam a indignação e a desconfiança dos cidadãos sobre a classe política e o modo como esta gere os destinos do país.

Na verdade, o proliferar de situações dúbias[2] resultantes das relações interinstitucionais que se desenvolvem cada vez mais entre o Estado e as instituições privadas, reflectem a forma como os titulares de cargos políticos «TCP» no exercício do seu cargo podem, por vezes, ir além do limite das suas competências, criando conflitos de interesse que, na maior parte dos casos, se deve à falta de regulação necessária para impedir e incompatibilizar tais situações, provocando graves prejuízos financeiros para o próprio Estado.

Se a este facto for somado, sobretudo pela classe média e baixa, o tom de críticas relativas aos vencimentos e outros direitos remuneratórios que a classe política aufere e beneficia, torna-se evidente que a descrença em relação aos «TCP» e ao próprio sistema político é, na verdade bastante mais sério o que pode

---

[1] Consultar relatório "Rendimento e condições de vida - 2013" do INE 24-3-2014. http://www.ine.pt/

[2] Como é o caso das parcerias público-privadas «PPP» ou dos contractos «SWAP» efectuados entre empresas públicas e entidades privadas financeiras ou bancárias, rondando no total num prejuízo em cerca de 3 mil milhões de euros para o Estado, In http://www.esquerda.net/dossier/jogo-de-espelhos-swaps-e-opacidade-no-sector-empresarial-do-estado/29235

provocar no regime democrático sérios danos à estabilidade que lhe é necessária para se desenvolver de forma equilibrada e justa.

A relevância deste problema é de tal forma importante que mesmo considerando a evolução notória que o país descreveu desde a capitulação do anterior regime ditatorial[3], não deixa de ser necessário e pertinente questionar, qual foi a evolução dos vencimentos dos «TCP» desde 1974 e, a tendência dos mesmos, tendo como referência os vencimentos das classes mais atingidas pela actual crise e que estão representadas no salário mínimo nacional e no salário mínimo da administração pública.

A acompanhar esta evolução, a análise à regulação e atribuição dos direitos remuneratórios, inscritos no Estatuto Remuneratório dos Titulares de Cargos Políticos «ERTCP», permitirá também compreender como foi desenvolvida e aplicada a política salarial ao longo dos vários períodos conjunturais que caracterizam e compõem o actual regime.

A este respeito, deve-se ter em consideração e realçar o sistema de incompatibilidades e impedimentos no exercício do cargo dos respectivos titulares, cuja evolução derivou para o Regime de Incompatibilidades e Impedimentos «RJII[4]» e que está marcadamente relacionado com o «ERTCP», pela introdução de critérios reguladores que permitem aperfeiçoar os mesmos, correlacionando-os.

Consequentemente, o enquadramento legal do «RJII» com o «ERTCP» em determinados contextos, para além de poder incutir mais eficácia, racionalidade e transparência, permitirá perceber de que forma e com que intenção foi desenvolvida a política salarial, bem como, as alterações que serão necessárias fazer no futuro, por forma a ser aplicada com mais rigor e mais justiça.

Este assomar de análises constitui um importante acervo documental e estatístico que engloba, para além da Ciência Política, outras áreas de investigação, tais como, o Direito Administrativo e a Economia Política e que revelam um conjunto de perguntas anteriormente nunca questionadas em qualquer estudo.

Em face da sua relevância, devem as mesmas ser respondidas com rigor e objectividade, de forma a permitir facilitar e a dar entender pelo presente

---

[3] A este respeito consultar, Barreto, António (Eds.). (2000). *A Situação Social em Portugal, 1960-1999*. Lisboa: Imprensa de Ciências Sociais.
[4] Refere-se ao Regime de Incompatibilidades e impedimentos dos Titulares de Cargos Políticos e Altos Cargos Públicos «RJIITCPACP» que, ao longo deste estudo é referenciado somente como «RJII».

estudo, não só, a compreensão do modelo remuneratório dos Titulares de Cargos Políticos, como também a dinâmica que o envolve no âmbito legal e que em determinados contextos são no seu conjunto condicionantes de determinada política salarial e, por conseguinte, da evolução dos vencimentos.

O presente estudo tem por objectivo, analisar a evolução dos vencimentos dos «TCP» ao longo dos quarenta anos de regime democrático, dividindo-o, para tal, em quatro períodos conjunturais, onde simultaneamente serão também analisadas a evolução do «ERTCP» e do «RJII», de modo a fazer o seu enquadramento legal e aferir dos mesmos, se a regulação e atribuição dos direitos remuneratórios acompanhou o evoluir dos vencimentos e se, se adequou aos vários contextos económico-político-sociais que foram surgindo, por forma a evidenciar qual a política salarial desenvolvida e aplicada.

Por fim, analisada e compreendida a evolução do modelo remuneratório dos «TCP», será efectuada uma análise à evolução dos vencimentos a preços constantes por forma a determinar a tendência da evolução dos vencimentos dos respectivos titulares, sendo posteriormente enunciadas propostas de alteração e recomendações ao actual modelo.

Tendo em conta a problemática apresentada, levantam-se várias questões que serão objecto de tentativa de resposta neste estudo, por forma a encontrar e desenvolver um modelo remuneratório que vá de encontro às reais necessidades e perspectivas da evolução económico-político-social do país.

Um grupo de questões que se prendem com a forma como foi revisto e modelado o «ERTCP» ao longo da sua evolução e, na sua correlação com o «RJII». Evidenciando, neste caso, o principal critério que influi na evolução de ambos e, em geral, as necessárias alterações que eventualmente deverão ser realizadas no modelo remuneratório:

- As revisões efectuadas no Estatuto Remuneratório dos Titulares de Cargos Políticos ao longo dos períodos analisados tiveram em consideração a situação económica e social do país?
- O Regime Jurídico de Incompatibilidades e Impedimentos, no que respeita aos Titulares de Cargos Políticos abrangidos pelo Estatuto Remuneratório, contribuiu para uma melhor eficácia e transparência na política salarial desenvolvida ao longo dos períodos analisados desde 1974?

- Existiu um princípio de coerência na aplicação do regime de exclusividade ao longo das revisões efectuadas no Estatuto Remuneratório, tendo em conta a sua importância como critério de incompatibilidades e impedimentos e respectiva relação jurídica com o mesmo regime?

Tendo em conta a especificidade do objecto de estudo, optou-se pela pesquisa bibliográfica, documental e recolha de peças legislativas como o Estatuto Remuneratório dos Titulares de Cargos Políticos, o Regime Jurídico de Incompatibilidades e Impedimentos, o Estatuto dos Deputados e, também alguns diplomas legais, tais como, a Lei base n.º 28/82, de 15 de Novembro, do Tribunal Constitucional «LTC», o Decreto-Lei 50/78, de 28 de Março, entre outros.

No que respeita às siglas, inseriu-se uma lista e no corpo do texto optou-se pela leitura de cada sigla na primeira vez que surge, sendo que essa leitura aparece dentro de aspas baixas.

Para citações e referências bibliográficas foram utilizadas as normas da *American Psychological Association «APA»*.

Nas referências bibliográficas optou-se, sempre que possível, por inserir o número de página da obra citada logo a seguir ao ano de publicação.

No que concerne à estrutura escolhida, a mesma, compõe-se de cinco capítulos, sendo que no primeiro é feita a contextualização, definição de conceitos gerais e a análise à evolução dos vencimentos dos «TCP», à evolução do «ERTCP», do sistema de incompatibilidades e impedimentos e o enquadramento legal de ambos, relativo ao período desenvolvido entre 1976 e 1986.

No segundo, terceiro e quarto capítulo é analisada a evolução dos vencimentos dos «TCP», a evolução do «ERTCP» e do «RJII» e, respectivo enquadramento legal nos períodos seguintes que completam os quarenta anos do regime democrático, ou seja, no período desenvolvido entre 1986 e 1996, entre 1996 e 2006, e por último, no período desenvolvido entre 2006 e 2012.

Por fim, no quinto capítulo é efectuada uma análise global da evolução dos vencimentos dos «TCP» - a preços constante de 2006 –, por forma a determinar a tendência dos mesmos e, é ainda proposto, um conjunto de alterações e recomendações a efectuar no actual modelo remuneratório.

De forma mais específica o primeiro capítulo visa determinar, tendo em conta o contexto e o período em que evoluíram, se em termos comparativos os vencimentos dos «TCP» aumentaram ou não em relação ao «SMN» e «SMAP».

Em simultâneo, será analisada a evolução da regulação e atribuição dos direitos remuneratórios que culminaram com a criação do «ERTCP» e, efectuado o enquadramento legal com o sistema de incompatibilidades e impedimentos que regula o exercício de cargo dos «TCP», de modo a permitir verificar, qual a política salarial aplicada aos respectivos titulares neste mesmo período.

No segundo, terceiro e quarto capítulo é utilizada a mesma metodologia de análise, por forma a determinar, se a evolução dos vencimentos dos «TCP» foi ou não superior em relação ao «SMN» e «SMAP» e, em consequência disso, determinar a política salarial desenvolvida e aplicada aos «TCP» nos diferentes contextos em que se situam cronologicamente os respectivos períodos.

O quinto capítulo, através de uma análise global a preços constantes de 2006, visa, sobretudo, determinar a tendência da evolução dos vencimentos dos Titulares de Cargos Políticos.

Posteriormente, o presente estudo proporá um conjunto de alterações e recomendações que visam aperfeiçoar o actual modelo remuneratório e, consequentemente, a política salarial a desenvolver no futuro.

CAPÍTULO I

Evolução remuneratória dos Titulares de Cargos Políticos no período de 1976/86

Após o período revolucionário de 1974 e, como consequência do mesmo, tornou-se imperativo, não só, rever e reorganizar toda a orgânica do Estado, como também, reestruturar todo o aparelho produtivo nacional, através de um conjunto de medidas que compreendessem e fossem de encontro com os princípios democráticos estabelecidos na nova Constituição da República consagrada pela Assembleia Constituinte em 1976.

No que respeita aos direitos remuneratórios, as principais medidas a aplicar foram no sentido de atenuar as distorções salariais existentes, por forma a respeitar e promover de uma forma geral os princípios de igualdade salarial e justa distribuição da riqueza, quer no sector público, quer entre este e o sector privado.

Dessas medidas, a principal incidiu na criação do salário mínimo nacional[5] «SMN» e consequente convergência salarial em relação ao salário mínimo estipulado para a Administração Pública[6] «SMAP», a qual viria a ser obtida em 1976.

A conjugação desta medida com a introdução de regalias sociais básicas e fundamentais aos beneficiários do «SMN», iria permitir proporcionar melhores condições de vida para assim poderem enfrentar com dignidade os

---

[5] Criado em 1974, a designação de «SMN» seria mais tarde alterada para retribuição mínima mensal garantida «RMMG». Este estudo, porque colhe as duas referências (teórica e legal), utiliza indistintamente estas duas designações, que devem ser entendidas como sinónimas.
[6] Importa no entanto ressalvar que a introdução do valor do salário mínimo da Administração Pública neste estudo permitirá ter uma melhor percepção da real diferença da evolução da remuneração dos «TCP», em relação ao «SMN» por ambos, serem da responsabilidade do Estado em administrá-lo.

diversos desafios que se aproximavam, em consequência, não só, do processo revolucionário[7], mas também do período de conjuntura económica e financeira desfavorável[8] - défice público tinha aumentado para 9% do produto interno bruto «PIB» - que estava a emergir.

Em simultâneo, a aplicação de medidas inseridas no mesmo âmbito, abrangeria também os titulares de cargos políticos, nomeadamente o Presidente da República «PR», o Presidente da Assembleia da República «PAR», o Ministro da República para as Regiões Autónomas «MRRA», os Deputados da Assembleia da República «DAR», o Primeiro-Ministro «PM» e restantes Membros do Governo dos quais se incluem os Ministros «M», Secretários de Estado «SE» e Subsecretários de Estado «SUBSE».

De facto, também por os seus direitos remuneratórios e respectivos montantes se encontrarem desajustados da realidade e não corresponderem às responsabilidades inerentes ao cargo que representavam – como sucedeu com os restantes funcionários da Administração Pública -, os mesmos, seriam actualizados para um nível remuneratório que correspondesse a essas mesmas responsabilidades e ambições.

1.1. Evolução dos vencimentos dos Titulares de Cargos Políticos no período de 1976/86

Numa primeira fase deste período conjuntural que desenvolver-se-ia entre 1976 e 1986, a estipulação dos montantes remuneratórios dos «TCP», com excepção dos «DAR[9]», embora pudessem ter em conta o índice ou escala salarial da Administração Pública, foram aplicados sem estarem abrangidos por um regime regulador , descurando deste modo alguns dos princípios[10] que deveriam

---

[7] A este respeito consultar, Neves. J (1994). *O crescimento económico português no pós-guerra: um quadro global.* Análise Social, Vol. XXIX (128), P. 1023, 4º parágrafo. In http://analisesocial.ics.ul.pt/documentos/1223378178X8sYF6cn2Bl69AP4.pdf.
[8] Ibidem P. 1022, 7º parágrafo; P.1023. 2º parágrafo (referente ao ponto 7).
[9] Importa neste aspecto salientar que, até 1984, o montante remuneratório dos «TCP» tinha como base de referência a nova escala de índice salarial para cada função, surgida da recente reforma da Administração Pública entretanto desenvolvida, a qual, respeitava os princípios constitucionais consignados na nova Constituição e cujos critérios de aplicação dos valores remuneratórios eram atribuídos de forma justa e proporcional. Só a partir de 1984 com a criação do «RRPR» é que os montantes remuneratórios dos respectivos titulares foram indexados ao salário do «PR», com excepção do «JTC» cuja remuneração, estava estipulada no «LTC».
[10] Conforme a «CRP» estabelece no artigo 266º, nº 2, no qual, devem ser respeitados, entre outros, os princípios da igualdade e da proporcionalidade.

estar na base da sua regulação, entre os quais o da proporcionalidade, igualdade e harmonia salarial.

Com efeito, em 1976, como se pode observar pela tabela n.º 1 (apêndice I), os montantes de vencimento dos «TCP» variavam num intervalo de valores que se situavam entre os 18900$00[11] (94 euros) e os 70600$00[12] (353 euros) e que, hierarquicamente distribuídos, o mais elevado pertencia ao Presidente da República[13] e o menos elevado aos Deputados, sobressaindo de entre eles uma diferença salarial de 274%.

Esta diferença, por ser bastante maior do que a verificada entre os vencimentos dos restantes «TCP» e o vencimento do «PR», traduzir-se-ia numa disparidade salarial que, conjuntamente com a desproporcionalidade verificada na diferença entre cada vencimento dos «TCP», são prova real da ausência desses mesmos princípios.

Pondo deste modo em causa os critérios de salvaguarda de uma política salarial justa, que deveria manter uma harmonia salarial em consideração da importância hierárquica e institucional dos titulares dos respectivos órgãos de soberania, a desproporcionalidade e a disparidade salarial verificadas, podendo ambas, dever-se à livre arbitrariedade da actualização dos vencimentos dos «TCP» - com excepção dos Deputados[14] -, reflectir-se-ia também na relação com os montantes do Salário Mínimo Nacional e Salário Mínimo da Administração Pública.

Com efeito, como se pode observar através das tabelas n.º 2-A e n.º 4, o vencimento médio dos «TCP», correspondente a 40400$00 (202 euros), traduzir-se-ia numa diferença salarial 911% superior, ou seja, 9 vezes maior em relação ao «SMN» e ao «SMAP», cujo montante médio, registado em 1976, era de 4000$00 (20 euros).

---

[11] Corresponde ao vencimento do Titular «DAR», vide, Lei n.º 796/76, de 6 de Novembro de 1976.

[12] Fonte: transferências do Orçamento de Estado de 1976. Retirado do programa "Sexta às 9" da RTP, 5 de Outubro de 2013.

[13] Importa antes de mais referir que, a análise deste capítulo, no âmbito dos «TCP», é feita tendo como referência o vencimento do «PR», visto que, os vencimentos dos restantes «TCP», à excepção do período inicial em análise, estão indexados ao vencimento do «PR», tornando deste modo a análise mais clara e eficaz.
No entanto, será analisado em paralelo o vencimento dos «JTC» a partir do segundo período devido ao seu cargo ter só surgido em 1982, e estando o seu vencimento legalmente atribuído, através do «LTC» ao vencimento do «JSTJ», é desta forma, o único dos «TCP» que não estava indexado ao vencimento do «PR».

[14] Esta análise tem como referência os «DAR», por estes terem o seu vencimento vinculado à letra A da função Pública e, na qual, correspondia ao índice salarial mais elevado.

Para além da significativa diferença salarial verificada entre a média de vencimento dos «TCP» e o «SMN» e «SMAP», aferia-se daqui que a política salarial era também desproporcional e desigual na sua aplicação, sobretudo no que respeita aos vencimentos do Presidente da República e do Presidente da Assembleia da República, cujos montantes foram os que mais contribuíram para a elevada diferença salarial.

Estes, para além de serem superiores em 274% e 199% respectivamente, ou seja, quase 3 e 2 vezes mais, em relação ao vencimento dos Deputados - cujo titular detinha o cargo hierárquico mais baixo dos «TCP» -, em comparação com o «SMN» e «SMAP», a diferença salarial aumentava exponencialmente para um valor superior de 1665% e 1310% respectivamente, ou seja, quase 17 e 13 vezes mais, como se pode observar na tabela n.º 4.

Pelo contrário, embora o vencimento auferido pelos Deputados fosse 370% superior ao «SMN» e «SMAP», ou seja, quase 4 vezes mais, o respeito pelos princípios constitucionais estava salvaguardado, tendo em conta que o mesmo correspondia ao montante de vencimento também pago aos mais altos cargos públicos e funcionários da Administração Pública, ambos inscritos e regulados pelo índice salarial do Estado.

Assim, pode constatar-se que para o início desta fase de renovação do período em análise, a elevada diferença salarial verificada entre os «TCP» e destes, em relação ao «SMN» e «SMAP», revelou uma ausência de critérios que só seria evitada através de um instrumento regulador que previsse os princípios constitucionais, sobretudo, o da proporcionalidade, a qual era exigida e deveria ser aplicada de modo transversal na definição dos vencimentos dos «TCP».

Sendo certo que o modelo de política salarial a desenvolver, inseria-se num contexto que em termos de conjuntura económica, política e financeira era extremamente difícil de superar[15], exigia-se, sobretudo aos «TCP» como responsáveis pela gestão política e administrativa da nação, que soubessem ultrapassar essas mesmas dificuldades, por forma a justificarem não só a sua qualidade como políticos, como também os vencimentos que auferiam e que foram actualizados para esse fim.

Deste modo, tornava-se imperativo aos «TCP», aplicar de uma forma

---

[15] Ibidem P. 1022, 8º parágrafo; P.1023, 1º parágrafo (referente ao ponto 7).

consensual, correcta, equilibrada e rigorosa as políticas públicas necessárias para desenvolver de forma sustentável o país e melhorar os fracos índices económicos e sociais.

O aumento significativo da dívida pública e do défice público registados em 1976, cujos valores, foram de 27,8%, e de 9% em relação ao «PIB», embora sejam, também reflexo do esforço tomado por parte dos «TCP» em aplicar as medidas[16] necessárias à incrementação da economia, não se traduziram num aumento de produtividade, no qual, o tímido valor de 2,29% do «PIB», associado à crise mundial, não foram suficientes para evitar uma crise económico-financeira[17].

O sequente agravamento da instabilidade política que teimava em persistir[18] e o adiamento das reformas necessárias para o desenvolvimento e amadurecimento do processo democrático punham deste modo em evidência a dificuldade por parte dos «TCP» em gerir o país.

Embora superada a respectiva crise, sem no entanto resolver os problemas estruturais nem a instabilidade política, o contínuo aumento da dívida pública e a elevada percentagem de défice público registados nos anos seguintes – este último culminou, em 1981, com um valor de 8,7% em relação ao «PIB» -, associados à elevada inflação e baixa produtividade, voltariam a pôr, em 1983, o país diante uma nova crise económica e financeira[19], a qual, só seria debelada dois anos mais tarde, e, mais uma vez, com a ajuda financeira vinda do exterior[20].

Findo este período sucessivo de crises e depois de introduzidas as reformas liberais[21] necessárias e exigidas para a entrada de Portugal na «CEE», verificar-se-ia no final do período em análise, mais especificamente em 1986, a necessária estabilidade política que, no seu conjunto, eram condicionantes fulcrais para o desenvolvimento do país.

De tal modo foi, que as mesmas reflectir-se-iam através do melhoramento dos índices económicos, nomeadamente na diminuição do défice público, cujo valor, registaria os 7.5% e, do aumento do «PIB» que atingiria os 3.32%.

---

[16] Ibidem P. 1024, 3º parágrafo; (referente ao ponto 7).
[17] Ibidem P. 1023, 2º parágrafo; (referente ao ponto 7).
[18] Para este primeiro período verificou-se, a existência de dez Governos Constitucionais, In http://www.portugal.gov.pt/pt/o-governo/arquivo-historico/governos-constitucionais.aspx
[19] Ibidem P. 1025, 1º parágrafo (referente ao ponto 7).
[20] A este respeito consultar, Pinto, J. F. (2013). *Os Políticos e a Crise – De Salazar a Passos Coelho*. Coimbra: Edições Almedina, S.A..
[21] Ibidem P. 1025, 2º parágrafo (referente ao ponto 7).

Pese embora, se verificasse um aumento do rácio da dívida pública, cujo valor, seria de 51% em relação ao «PIB», o acesso aos fundos estruturais europeus permitiram também à classe política perspectivar com optimismo, em termos económico-financeiros, uma melhoria significativa dos respectivos índices para os anos seguintes.

Foi também neste contexto, por forma a regular e tornar mais transparente a política salarial a ser aplicada aos «TCP», desenvolvidas acções que se iniciariam através da promulgação do Regime Remuneratório do Presidente da República em 1984, o qual serviu de suporte de regulação para a criação do «ERTCP» em 1985 e, consequente actualização dos vencimentos dos respectivos titulares.

Em consequência da regulação iniciada em 1984, os vencimentos dos «TCP» registariam um aumento proporcional e igual até ao final do período, ao contrário do que até então tinham registado.

Com efeito, entre o ano de 1976 e 1984, os vencimentos dos «TCP», como se pode observar através da tabela n.º 2-A, registaram diversas percentagens de aumento que variavam num intervalo que se situava entre os 127% e os 326%, sendo o menor relativo ao Presidente da República e Presidente da Assembleia da República e, o maior, relativo aos Deputados, o qual seria por sua vez maior que o aumento registado nos montantes do Salário Mínimo Nacional e Salário Mínimo da Administração Pública, cujos valores, corresponderam a 290% e a 315% respectivamente, verificando-se assim uma clara desproporcionalidade e desigualdade na política salarial aplicada não só entre os «TCP», como também destes, e neste caso mais concreto os Deputados, em relação ao «SMN» e o «SMAP».

Por sua vez, como se pode observar na tabela n.º 3-A, a média de aumento de 191% registada nos vencimentos dos «TCP», por se situar bastante abaixo da média de aumento de 302% verificada nos montantes do «SMN» e «SMAP», revelaria o esforço tomado pela classe política em diminuir a desigualdade imanente da disparidade salarial existente em 1976 e, consequentemente, em aplicar de entre os princípios constitucionais, o da justa repartição da riqueza.

A este respeito, basta dar como exemplo a evolução do vencimento do «PR» em relação ao montante do «SMN» no subperíodo referido, ou seja, entre 1976 e 1984, no qual, como se pode observar através da tabela n.º 4, verificou-se uma diminuição de 752% na diferença salarial, passando deste modo o vencimento

36

do «PR», de um montante superior de 1665% para um montante superior de 913% em relação ao «SMN».

Após a regulação efectuada em 1984, verificar-se-ia que os aumentos médios registados, quer no vencimento dos «TCP», quer nos montantes do «SMN» e «SMAP», como se pode observar através da tabela n.º 3-A, situar-se-iam nos 42% e 43% respectivamente, o que sendo praticamente idênticos, comprovaria a aplicação dos princípios e critérios que deveriam nortear a política salarial a aplicar.

Com efeito, como se pode observar na tabela n.º 2-A, em resultado do súbito aumento nominal de 67700$00 (335 euros) no vencimento do Presidente da República, causado pela actualização resultante da promulgação do Regime Remuneratório do Presidente da República em 1984 e pela actualização[22] de 1986, correspondentes a 160000$00 (800 euros) e a 227100$00 (1135 euros) respectivamente, os restantes «TCP», por já estarem regulados pelo «ERTCP», beneficiariam de um mesmo aumento de 42% nos respectivos vencimentos.

Do mesmo modo, o Salário Mínimo Nacional e o Salário Mínimo da Administração Pública, cujos montantes, registados em 1984, eram de 15600$00 (78 euros) e 16600$00 (83 euros) e, em 1986, de 22400$00 (112 euros) e 23600$00 (118 euros), beneficiariam também de um aumento de 44% e 42% respectivamente, em resultado do aumento nominal de 6800$00 (34 euros) e de 7000$00 (35 euros) verificado nos respectivos montantes.

A regulação e consequente anulação de uma comprovada política salarial desproporcional, injusta e desmesurada, aplicada entre 1976 e 1984, e descritas pelas análises anteriormente efectuadas, embora fizesse transparecer a sua efectividade, não deixaria, contudo, de revelar algum benefício em relação aos «TCP» o que, mesmo assim, em termos de valores de montantes, não teria repercussões que efectivamente pudessem inverter o resultado final registado na evolução dos vencimentos dos «TCP» em relação ao «SMN» e «SMAP» para este período.

Com efeito, após uma análise da actualização dos respectivos vencimentos para o ano em que finda o período em estudo e comparando com os vencimentos auferidos em 1976, como se pode observar através da tabela n.º 2-A, em relação ao vencimento do «PR», verificou-se um aumento nominal de

---

[22] Vide, Circular Série, n.º 115 da Direcção Geral da Contabilidade Pública - Ministério das Finanças

156400$00 (782 euros), resultante da subida do montante de 70600$00 (353 euros) para os 227100$00 (1136 euros) de vencimento registado em 1986.

Em termos de taxa de variação, este aumento corresponderia a 221%, significando assim que, em 10 anos, o vencimento do Presidente da República aumentaria para mais do dobro do seu valor inicial.

Este aumento percentual, seria igualmente verificado no vencimento do Presidente da Assembleia da República, correspondendo ambos ao menor valor de aumento registado nos vencimentos dos «TCP».

Por sua vez, como se pode observar na tabela n.º 2-A, após uma análise à actualização dos vencimentos dos restantes «TCP» e tendo como base os direitos estabelecidos pelo «ERTCP», verificou-se que os Deputados registaram um aumento nominal de 94800$00 (474 euros), como resultado do aumento do vencimento de 18800$00 (94 euros) auferido em 1976, para os 113600$00 (568 euros) auferidos em 1986.

Este aumento nominal corresponderia por sua vez a uma taxa de variação de 504%, ou seja, cinco vezes superior em relação ao vencimento auferido em 1976.

Do mesmo modo, constatou-se também que os aumentos registados foram substancialmente superiores para aqueles que à semelhança dos «DAR», ocupavam posições hierarquicamente mais baixas entre os «TCP», tais como, o Secretário de Estado e o Subsecretário de Estado, registando respectivamente cada um deles, um aumento de 320% e 352%.

Verificar-se-ia assim, que o aumento registado nos vencimentos de todos os «TCP», situar-se-ia entre os 221% e os 504%, sendo que no topo destes valores estaria o vencimento dos «DAR», beneficiando desta forma de um aumento exponencial único em relação aos restantes «TCP».

As razões para esta constatação partem de dois motivos, sendo que o primeiro, deve-se ao facto de a indexação dos vencimentos dos «TCP» ao vencimento do Presidente da República não existir em 1976, o que provocava uma discrepância e desproporcionalidade na diferença salarial entre os «TCP».

O segundo motivo, foi devido à promulgação do «ERTCP» em 1985 que, ao obrigar a indexação dos vencimentos dos «TCP» ao vencimento do «PR», criou um limite diferencial a ser respeitado, o qual obrigaria invariavelmente à aplicação da proporcionalidade e, neste caso concreto, ao consequente desnível do aumento dos vencimentos verificados entre os «TCP», beneficiando para o efeito, os titulares hierarquicamente inferiores que assim viam os seus montantes aproximarem-se dos vencimentos dos «TCP» hierarquicamente superiores.

No entanto, em consequência da actualização dos vencimentos em 1984, como se pode observar através da tabela n.º 2-A, verificar-se-ia que o aumento de 504%, registado no vencimento dos «DAR» em todo o período, seria também superior em relação ao Salário Mínimo Nacional e Salário Mínimo da Administração Pública, cujos aumentos, tinham sido de 460% e 490% respectivamente.

O aumento registado no vencimento dos «DAR», como se pode observar através da tabela n.º 4, reflectir-se-ia por sua vez na diferença salarial registada entre ambos, aumentando a diferença, de um valor superior de 370%, registado em 1976, para um valor 410% superior em relação ao montante do «SMN» e 380% superior ao montante do «SMAP» dez anos depois, ou seja, em 1986.

Conjuntamente com o facto, dos «DAR» serem os únicos no universo dos «TCP a aumentarem a diferença salarial, em relação ao «SMN» e «SMAP», em todo o período, a regulação efectuada na política salarial, em 1984, - permitiu introduzir o critério de igualdade e proporcionalidade na evolução salarial entre os «TCP» e, destes, em relação ao «SMN» e «SMAP» -, embora fosse importante, não deixaria, contudo, de evitar e exercer de forma paradoxal um efeito contrário na evolução dos intervenientes em estudo, acabando por beneficiar no final do período em análise os «TCP» e, no cômputo geral, os «DAR».

Com efeito, como se pode observar na tabela n.º 2-A, os montantes do Salário Mínimo Nacional e Salário Mínimo da Administração Pública que em 1986 eram de 22400$ (112 euros) e 23600$00 (118 euros), comparativamente aos montantes atribuídos em 1976, registaram um aumento nominal de 18400$00 (92 euros) e de 19600$00 (98 euros) respectivamente. Valores estes, que em termos de taxa de variação, corresponderiam pela mesma ordem ao aumento percentual de 460% e 490%, anteriormente referido.

Por sua vez, como se pode observar na tabela n.º 3-A, este aumento corresponderia a um valor médio de taxa de variação de 475%, sendo, assim, 162% superior em relação ao aumento médio de 313% registado para os «TCP».

Contudo, esta diferença de 162%, mesmo sendo maior em relação à diferença de 111% da média de aumento registada entre ambos no subperíodo de 1976/84, poderia ser ainda mais elevada, não fosse a quase inexistente diferença verificada no subperíodo de 1984/86, que impediu assim uma maior aproximação salarial no final deste período, e que revela, tendo em conta o contexto em que a mesma se verificou, um inapropriado e injusto "timing" escolhido para a aplicação de uma política salarial que acabaria por beneficiar os «TCP» no final deste período.

O inferior aumento médio dos vencimentos dos «TCP» reflectir-se-ia, por sua vez, na diferença salarial em relação ao «SMN» e «SMAP», como se pode observar na tabela n.º 4, ao verificar-se uma redução de aproximadamente 300%, resultante da diminuição do seu valor de 911% para os 578%, registados em 1976 e 1986, respectivamente. Esta diminuição, de 9 para 6 vezes mais na diferença entre a média dos montantes dos vencimentos dos «TCP» e do «SMN» e «SMAP», determinaria também a evolução dos mesmos ao longo do período em análise.

Em jeito de conclusão, para este período em análise, caracterizado por diversos momentos de grandes dificuldades económico-político-financeiras, embora os vencimentos dos «TCP» tivessem sido consecutivamente actualizados na fase final do mesmo, o que evitou uma redução maior na diferença salarial em relação aos montantes do «SMN» e «SMAP», o superior e gradual aumento da evolução destes, registado ao longo de todo o período, permitiu ainda assim diminuir a média da diferença salarial existente entre ambos, em cerca de 300%, e respectiva disparidade salarial verificada em 1976, determinando desta forma uma aproximação na evolução dos respectivos vencimentos e montantes.

Por sua vez, embora a política salarial desenvolvida possa de uma forma geral transmitir uma aplicação coerente e justa dos montantes em causa, a mesma pecou em grande parte do período em análise, isto é, entre 1976 e 1984, pela ausência de imparcialidade e desrespeito de alguns dos princípios constitucionais que deveriam servir como critério de base, os quais só seriam respeitados com a criação do Regime Remuneratório do Presidente da República e do Estatuto Remuneratório dos Titulares de Cargos Políticos e consequente regulação do regime remuneratório referente aos «TCP» a partir de 1984.

No entanto, e como consequência dessa mesma regulação, os «TCP», nomeadamente os Deputados, acabariam por ser os mais beneficiados, ao obterem um exponencial aumento de vencimento em relação aos restantes intervenientes em estudo.

1.2. Evolução do Estatuto Remuneratório dos Titulares de Cargos Políticos: Lei base nº 4/85, de 9 de Abril

Em razão da desproporcionalidade verificada na atribuição dos vencimentos dos «TCP» que, conjuntamente com as contrariedades resultantes de todo o processo de reformulação do Estado acabariam por influenciar o processo evolutivo ao longo da maior parte do período em análise, surgiria no final do mesmo, através da promulgação da Lei nº 4/85, de 9 de Abril, o Estatuto Remuneratório dos Titulares de Cargos Políticos.

A sua promulgação, embora tardia, seria de vital importância para a consecução de um modelo remuneratório que se impunha existir e determinante para a elaboração de um conjunto de linhas orientadoras que, baseadas nos princípios que o enformam, permitiriam desenvolver uma política salarial justa e digna a aplicar aos «TCP».

Ao reunir numa só Lei, direitos de âmbito remuneratório que até então encontravam-se dispersos e inscritos nos mais diversos diplomas legais, o «ERTCP» tinha como objectivo, não só, facilitar a gestão na regulação e atribuição desses mesmos direitos, nos quais se incluem o vencimento mensal, abono mensal para despesas de representação, ajudas de custos, subvenções, subsídios, entre outros, como também impedir em diante, eventuais atropelos dos princípios constitucionais que até então se tinham verificado através da política salarial aplicada.

Por outro lado, permitiria ao mesmo tempo, tornar mais transparente e acessível todo o processo legislativo que viesse a ser desenvolvido no futuro no mesmo âmbito legal, respeitante aos titulares de cargos políticos «TCP» nele consignados, quer em comparação com outros titulares no seio da Administração Pública – em sentido amplo –, quer por razões de estudo, consulta e revisão dos próprios direitos, de forma a agilizar possíveis revisões que lhe sucedessem e, assim, evitar eventuais lacunas legais que pudessem surgir.

Neste sentido, a estruturação do Estatuto Remuneratório dos Titulares de Cargos Políticos caracterizou-se pela diferenciação dos direitos inscritos no mesmo, dividindo-se em dois regimes, o regime remuneratório, inscrito no Título I, e o regime de subvenções, inscrito no Título II, cada qual, estabelecendo critérios por forma a regular os direito condizentes ao regime no qual foram inseridos e, em casos mais específicos, remetendo a sua regulação para Leis específicas[23].

Atendendo à definição dos direitos remuneratórios atribuídos no Título I e, de entre os mesmos, os principais serem os vencimentos e remunerações, o Estatuto fez uma distinção entre os direitos remuneratórios, nomeadamente entre os vencimentos[24], - caracterizam-se por ter uma componente base remuneratória constante e periódica, derivada do exercício do seu cargo dos quais constam os vencimentos base e extraordinários – e, as remunerações que tinham uma componente de auxílio pecuniário ou acessória, - caracterizam-se por remunerações atribuídas para auxílio ao titular no exercício do seu cargo -, vulgarmente designadas por ajudas de custo, abono mensal para despesas de representação[25] e demais abonos complementares ou extraordinários, nomeadamente as subvenções[26].

Assim, no Capítulo I, o Estatuto estabeleceu como sua função a regulação[27], definindo em seguida quais os titulares[28] e os direitos remuneratórios[29] atribuídos.

Deste modo, foram considerados como Titulares de Cargos Políticos, os representantes dos órgãos superiores de soberania, tais como, o Presidente da República; o Presidente da Assembleia da República, o Primeiro-Ministro, os membros do Governo, os Deputados da Assembleia da República, os Juízes do Tribunal Constitucional e também, pela importância e responsabilidade que têm na relação directa com os órgãos superiores de soberania, os Ministros da República para as Regiões Autónomas e os membros do Conselho de Estado.

Para além disso, determinou quais os titulares a beneficiarem das ajudas de custo[30], bem como os critérios que regulam a sua atribuição, reunindo neste âmbito, o PR», «PAR», «PM» e membros do Governo no conjunto de titulares, cuja regulação do direito às ajudas de custo - nomeadamente a definição

---

[23] Como por exemplo a Lei que regula as ajudas de custo ou a Lei que regula a atribuição de veículos.
[24] In Dicionário da Língua Portuguesa Contemporânea da Academia das Ciências de Lisboa, p. 3719.
[25] Considerado como remuneração de auxílio pecuniário, conforme o n.º 3 do capítulo IX, da conclusão do parecer n.º P102011, da Procuradoria-Geral da República. http://www.dgsi.pt/pgrp.nsf
[26].In Dicionário da Língua Portuguesa Contemporânea da Academia das Ciências de Lisboa, p. 3474.
[27] Vide artigo 1º, n.º 1, da Lei n.º 4/85, de 9 de Abril.
[28] Vide artigo 1º, n.º 2 e n.º3, da Lei n.º 4/85, de 9 de Abril.
[29] Vide artigo 2º, da Lei n.º 4/85, de 9 de Abril.
[30] Vide artigo 3º, da Lei n.º 4/85, de 9 de Abril.

dos respectivos montantes - advêm da mesma legislação[31].

Por sua vez, a definição dos montantes e os critérios de atribuição relativos às ajudas de custo, referentes aos restantes titulares, foram remetidos para outras Leis – como foi o caso do «JTC[32]» - ou para posteriores artigos, inscritos no capítulo específico do titular em causa neste Estatuto, - como foi o caso dos «DAR» e membros do Conselho de Estado – ou ainda a ausência na atribuição do respectivo direito ao Ministros da República para as Regiões Autónomas como titular deste Estatuto.

Por fim, neste capítulo I, foi atribuído e regulado a alguns dos titulares do Estatuto, o direito a usufruírem de viatura oficial[33] para uso pessoal, impondo, contudo, certos limites no que respeita ao número de viaturas disponíveis para o seu uso e, também no modo de utilização das mesmas, remetendo neste último caso a sua regulação para o DL n.º 50/78, de 28 de Março[34].

Os Capítulos seguintes que compõem o regime remuneratório, mais especificamente, do Capítulo II ao Capítulo VII, além de estabelecerem e regularem determinados direitos remuneratórios - alguns atribuídos de forma específica a determinados titulares, como é o caso do direito à residência oficial -, referem-se, sobretudo, à definição e regulação dos montantes relativos aos direitos remuneratórios base, como é o caso dos vencimentos – à excepção do Juiz do Tribunal Constitucional, todos eles estão indexados percentualmente[35] ao vencimento do «PR» - e abono mensal para despesas de representação - está indexado percentualmente ao vencimento do próprio titular -, que seriam atribuídos de forma transversal e proporcional a todos os titulares, inscritos no Estatuto.

Com efeito, o capítulo II, referente ao titular Presidente da República, estabeleceu nos dois artigos[36] por ele compostos, quer a atribuição do direito ao vencimento e abono mensal para despesas de representação - remetendo no

---

[31] Vide DL n.º 519-M/79, de 28 de Dezembro, cuja revisão, efectuou-se com a promulgação do DL n.º 40-A/85, de 11 de Fevereiro, através do n.º 1 do artigo 8º, o qual, estabeleceu para o efeito, um valor correspondente a 4160$00, para o território nacional e, no n.º 2, remeteu a actualização do montante de ajudas de custo para fora do país, para futura resolução do Conselho de Ministros.

[32] Vide Lei n.º 28/82, de 15 de Novembro, do Tribunal Constitucional «LTC».

[33] Vide artigo 4º, da Lei n.º 4/85, de 9 de Abril.

[34] Estabelecido no capítulo III, no âmbito das normas gerais de utilização.

[35] É de referir que como o actual estudo só diz respeito à evolução dos vencimentos os valores percentuais de abono mensal não foram considerados.

[36] Vide artigos 5º e 6º, da Lei n.º 4/85, de 9 de Abril.

entanto para uma Lei especial[37], a definição dos montantes e o regulamento desses mesmos direitos -, quer também o direito a usufruir de uma residência oficial e de utilizar para o exercício das suas funções, nomeadamente as de representação, todos os edifícios públicos afectos ao mesmo.

No mesmo sentido e pela mesma ordem definida no Estatuto, nos Capítulos III e IV, foram estabelecidos para os titulares, Presidente da Assembleia da República e Primeiro-Ministro, os mesmos direitos remuneratórios, diferenciando-se, contudo, do anterior titular - Presidente da República -, a definição dos valores percentuais do vencimento e do abono mensal.

Com efeito, para além de estabelecer o direito a residência oficial[38] a ambos os titulares, no Capítulo III, foi definido para o titular «PAR», um vencimento mensal[39] correspondente a 80% do vencimento do «PR» e um o abono mensal para despesas de representação[40] correspondente a 40% do seu próprio vencimento.

Relativamente ao titular, Primeiro-Ministro, estes mesmos direitos seriam estabelecidos no Capítulo IV, referente aos "Membros do Governo", ficando definido o vencimento mensal[41] num montante correspondente a 75% do vencimento do «PR» e o abono mensal para despesas de representação[42] correspondente a 40% do seu próprio vencimento.

Estando também estabelecido neste Capítulo os direitos remuneratórios dos restantes membros do Governo[43], os artigos que os integram ficaram dispostos em consonância com a posição hierárquica que cada titular tem no seio do poder executivo do Estado e que, no seu conjunto, fazem deste Capítulo o maior do Estatuto.

---

[37] Remeteu para a Lei nº 26/84, de 31 de Julho, a qual, estabeleceu o Regime Remuneratório do Presidente da República, definindo e regulando os respectivos montantes remuneratórios, através dos artigos 1º e 2º. Posteriormente a Lei atrás enunciada foi revista pela Lei nº33/88, de 24 de Março, que através do artigo 1º, suspendeu o artigo 2º original, ajustando-o ao mais recentemente criado ERTCP, através da nova redacção no artigo 2º, revisto pela Lei nº 102/88, de 25 de Agosto, não se verificando posteriormente, qualquer continuidade do mesmo regime.

[38] Vide artigo 8º, referente à atribuição de residência oficial ao «PAR», e no artigo 10º, referente à atribuição de residência oficial ao «PM», da Lei n.º 4/85, de 9 de Abril.

[39] Vide artigos 7º, n.º 1, da Lei n.º 4/85, de 9 de Abril.

[40] Vide artigos 7º, n.º 2, da Lei n.º 4/85, de 9 de Abril.

[41] Vide artigos 9º, n.º 1, da Lei n.º 4/85, de 9 de Abril.

[42] Vide artigos 9º, n.º 2, da Lei n.º 4/85, de 9 de Abril.

[43] Vide artigo 11º, referente às remunerações dos vice-Primeiros-Ministros, artigo 12º, referente às remunerações dos Ministros, artigo 13º, referente às remunerações dos secretários de Estado, e artigo 14º, referente às remunerações dos subsecretários de Estado, da Lei n.º 4/85, de 9 de Abril.

Referindo-nos mais em concreto aos direitos remuneratórios anteriormente descritos, ou seja, a atribuição e definição dos montantes de vencimento e abono mensal, pela respectiva ordem hierárquica, caberia em primeiro lugar, ao titular vice-Primeiro Ministro, a maior percentagem de vencimento, correspondente a 70%, e de abono mensal, correspondente a 40% do seu próprio vencimento, percentagem a qual, também atribuída ao Ministro do Estado e Ministro dos Negócios Estrangeiros.

Por sua vez, seria atribuída aos Ministros uma percentagem de vencimento e de abono mensal correspondente a 65% e a 35% respectivamente.

Já relativamente aos Secretários de Estado, seria atribuída uma percentagem de vencimento de 60% e de abono mensal correspondente a 30% do seu próprio vencimento

Por fim, seria atribuída aos Subsecretários de Estado uma percentagem, correspondente a 55% do vencimento do «PR» e de abono mensal, correspondente a 25% do seu próprio vencimento.

O Capítulo V, referente ao titular, Juízes do Tribunal Constitucional «JTC», no qual é composto pelo artigo 15º, ficaram estabelecidos, através do preceituado dos números que o compõem, os mesmos direitos remuneratórios atribuídos aos anteriores titulares mencionados neste estudo.

Porém, a definição dos montantes foi remetida para Lei especial[44], ficando apenas no presente Estatuto, estabelecidos os direitos remuneratórios, isto é, os vencimentos e regalias, os quais seriam idênticos ao dos Juízes do Supremo Tribunal de Justiça[45].

Relativamente ao abono mensal para despesas de representação, o presente diploma atribuiu-o somente ao Juíz Presidente do Tribunal Constitucional, estabelecendo para o efeito, o mesmo valor do montante atribuído ao Presidente do Supremo Tribunal de Justiça[46].

---

[44] Vide, artigo° 31°, n.° 2 e artigo 32°, Lei n.° 28/82, de 15 de Novembro, relativo à Organização, funcionamento e processo do Tribunal Constitucional. No que respeita à definição do montante de vencimento, o mesmo, foi definido nas sucessivas revisões da Lei n.° 85/77, de 13 de Dezembro, relativo ao Estatuto dos Magistrados Judiciais, quando da revisão geral efectuada aos vencimentos da função pública ou por decreto da Presidência do Conselho de Ministros.
[45] Vide artigo 15º, n.° 1, da Lei n.° 4/85, de 9 de Abril.
[46] Vide, artigo 31°, n.° 1, da Lei n.° 28/82, de 15 de Novembro.

Os Deputados da Assembleia da República, pela importância inerente ao cargo que exercem na orgânica do poder do Estado, foram os titulares seguintes a serem inscritos no Estatuto, através do capítulo VI, no qual ficaram estipulados direitos semelhantes aos atribuídos para os restantes titulares consignados neste Estatuto.

Com efeito, através do preceituado consignado no artigo 16º, seriam estabelecidos e definidos o montante de vencimento mensal, cujo valor percentual correspondia a 50% do vencimento do «PR», e o montante de abono mensal para despesas de representação aos respectivos titulares, tendo em conta, a importância da função inerente ao cargo para o qual tinham sido nomeados e, como condição ao acesso a este direito, a obrigação de desempenharem o respectivo mandato em regime de exclusividade.

No entanto, no que se refere à atribuição e regulação dos direitos remuneratórios de auxílio pecuniário, neste caso as ajudas de custo[47] e senhas de comissão, ao contrário do sucedido com os titulares anteriormente referidos e analisados, no qual este direito fora remetido para outras leis, o Estatuto estabeleceu a sua regulação, entre as quais, a definição dos montantes[48] - através do preceituado consignado nos artigos 17º[49] e 18º[50]- e a cláusula do direito de opção por estes mesmos direitos, estipulada no artigo 19º[51].

O artigo 20º e último do capítulo VI, referente ao regime fiscal a aplicar a todos os titulares do «ERTCP», determinou para o efeito, no n.º 1, que as remunerações e subsídios estariam sujeitos ao mesmo regime fiscal aplicável aos funcionários públicos.

---

[47] Forma pecuniária complementar, cujo objectivo, é o de ressarcir qualquer funcionário, do montante gasto na sua deslocação para o exercício efectivo ou extraordinário do seu cargo.

[48] Fixados à categoria A da função pública, através do DL n.º 40-A/85, de 11 de Fevereiro, cujo n.º 1 do artigo 8º, define como valor de ajudas de custo fixado para a categoria A da função pública, o montante correspondente a 3570$00 na moeda antiga, para o território nacional, e no n.º 2, remete a actualização do montante de ajudas de custo para fora do país, para futura resolução do Conselho de Ministros.

[49] Vide artigo 17º, n.º 1 e n.º 2, da Lei n.º 4/85, de 9 de Abril, que estabelece quais os Deputados, com direito a ajudas de custo nas deslocações dentro e fora do país, bem como, a definição dos critérios necessários para o acesso às mesmas e correspondentes montantes.

[50] Atribuído especificamente para os deputados membros das comissões, no qual, estabeleceu e regulou os critérios que definem o montante das senhas das comissões.

[51] Neste artigo, o n.º 1, estabeleceu o direito que os Deputados tinham em optar pelo vencimento e subsídios inerentes ao seu cargo como «TCP» ou ao seu cargo de origem, desde que fossem funcionários do Estado ou de outras pessoas colectivas públicas.
Por sua vez, o n.º 2, estabeleceu, no caso de ser activado a cláusula de opção, a eliminação do direito às ajudas de custo ao respectivo titular previstas no artigo 17º.

A este respeito, o n.º 2 do mesmo artigo, determinou ainda para os Deputados que optassem pelos vencimentos e subsídios de origem, desde que tivessem sido funcionários do Estado ou de outras pessoas colectivas públicas, a aplicação do regime fiscal correspondente à situação em que se encontravam originalmente.

O Ministro da República para as Regiões Autónomas[52], pela importância institucional[53] que tem na orgânica do Estado, seria também abrangido pelo Estatuto, beneficiando de direitos remuneratórios semelhantes ao dos principais representantes dos órgãos de soberania nacional como titulares deste Estatuto, nomeadamente o Presidente da República, Presidente da Assembleia da República, Primeiro-Ministro e Ministros.

Com efeito, através dos artigos[54] inscritos no capítulo VII, o Estatuto definiria os montantes correspondentes ao vencimento mensal – 65% do vencimento do «PR» - e abono mensal para despesas de representação – 40% do próprio vencimento –, os quais seriam idênticos ao dos Ministros, e definiria também o direito a usufruir de uma residência oficial, o qual, só comparavelmente atribuído ao «PR», «PAR» e «PM»

O último titular do Estatuto Remuneratório dos Titulares de Cargos Políticos, refere-se aos membros do Conselho de Estado, inscritos no capítulo VIII.

No entanto, os direitos remuneratórios estabelecidos limitaram-se a abranger um número restrito dos membros que compõem o Conselho de Estado e que são somente, os que forem nomeados pelo «PR» e pelos «DAR», diferenciando-se dos restantes devido ao critério de escolha para a sua designação, o qual se caracteriza pela importância que têm ou tiveram como figuras relevantes da sociedade[55].

---

[52] Mais tarde haveria de obter o direito ao seu próprio Estatuto, o Estatuto do Representante da República para as Regiões Autónomas, correspondente à Lei nº 30/2008, de 10 de Julho.

[53] Por ser um órgão fiscalizador e representar nas regiões autónomas da Madeira e dos Açores o órgão máximo de soberania e, por conseguinte, estar dependente e interligado institucionalmente ao titular Presidente da República, a sua função é de enorme importância ao afirmar-se, como um símbolo de unidade nacional e de desenvolvimento democrático, através das competências que lhe foram atribuídas, tais como, a fiscalização da constitucionalidade das leis regionais, a administração eleitoral, entre outras, dos órgãos governativos e institucionais que representam as regiões.

[54] Vide artigo 21º, e artigo 22º, da Lei n.º 4/85, de 9 de Abril.

[55] Os membros do Conselho de Estado referidos no «ERTCP», com direito ao respectivo reembolso correspondem a um número total de dez membros, cinco designados pelo Presidente da República e cinco designados pela Assembleia da República, excluindo deste direito os restantes nove membros, que compõem o Conselho de Estado. In Retirado da «CRP», capítulo III, artigo 142º, alíneas g) e h), referente à composição do Conselho de Estado.

Deste modo, ao usufruírem de uma remuneração mensal e demais direitos remuneratórios derivados do seu cargo principal, a acumulação com a função de membros do Concelho de Estado só lhes permite beneficiar, no âmbito do Estatuto, de certos e específicos direitos de auxílio pecuniário condizentes com a sua função, ao contrário do que acontece com os restantes titulares analisados nos capítulos anteriores.

Neste sentido, o Estatuto estabeleceu, regulou e definiu o direito ao reembolso das despesas de transporte público ou privado devidas do exercício das suas funções, o direito às ajudas de custo fixadas para os membros do Governo e, também limitou a atribuição dos respectivos direitos remuneratórios[56].

Devendo-se à especificidade de critérios que as subvenções exigem - visto que a subvenção[57] caracteriza-se por um direito remuneratório de natureza compensatória ou de auxílio financeiro e que, tal como acontece com a pensão de aposentação ou de reforma, visa assegurar a mesma qualidade e estabilidade de vida dos titulares que a ela tenham direito, depois de estes completarem os anos exercidos no cargo para o qual foram mandatados -, a sua introdução e respectivo regime[58] no Título II, foi a forma de a mesma ficar diferenciada, no âmbito remuneratório, dos restantes direitos de auxílio financeiro que são atribuídos durante e para o exercício das suas funções inscritos no Título I.

Esta diferenciação dos direitos remuneratórios em dois regimes, permitiria assim, ordenar, definir e atribuir de forma mais transparente e, com mais equidade, os respectivos direitos e montantes em causa aos «TCP», conferindo e imprimindo ao próprio Estatuto e, em geral, ao modelo remuneratório, uma maior eficácia, justiça e igualdade na distribuição dos direitos em si representados.

---

[56] Vide artigo 23º, da Lei n.º 4/85, de 9 de Abril.
[57] Conforme vem definida a subvenção na conclusão, do parecer n.º P971990 da Procuradoria-Geral da República, nos pontos nº 1 e nº 2, de 22 de Novembro de 1990. http://www.dgsi.pt/pgrp.nsf/0/f5e8fc8d8f7f4b1f802566170041702b?OpenDocument.
[58] O «ERTCP» elaborou o regime jurídico relativo às subvenções, estabelecendo para o efeito, três tipos de subvenções – a subvenção mensal vitalícia, a subvenção em caso de incapacidade e a subvenção de sobrevivência - inscritas no capítulo I.
No capítulo II, estabeleceu e regulou o direito de subsídio de reintegração aos titulares por ele abrangidos, o qual, sendo também considerado um direito de auxílio pecuniário, cujo propósito de atribuição, é idêntico à subvenção, diferencia-se da mesma, por estar condicionado a um determinado período de tempo.

1.3. Incompatibilidades e Impedimentos dos Titulares de Cargos Políticos anteriores ao Regime Jurídico de Incompatibilidades e Impedimentos

Ao longo do primeiro e grande parte do segundo período, até ao surgimento do Regime Jurídico de Incompatibilidades e Impedimentos em 1993, a legislação existente relativa às incompatibilidades e impedimentos dos diversos titulares que compunham e representavam os órgãos institucionais do Estado e todos os agentes e entidades públicas, foi aumentando e actualizando-se, através da promulgação de diversos Estatutos e Leis específicas, por forma a darem resposta ao processo de descentralização e desconcentração dos serviços do Estado que, conjugados com o desenvolvimento e modernização da Administração Pública aumentavam a responsabilidade dos próprios titulares.

Contudo, ao longo deste processo o acompanhamento legislativo do sistema de incompatibilidades e impedimentos, à semelhança da legislação relativa aos direitos remuneratórios dos «TCP», foi também dispersando-se.

Como resultado, a cobertura exaustiva e a efectividade que deveriam resultar desse mesmo acompanhamento, acabariam por se tornar mais difusas, sobressaindo do final de todo o processo e, sobretudo neste primeiro período, a falta de enquadramento legal da respectiva legislação e consequente prejuízo do processo de regulação, acabando por originar novas desigualdades, incertezas e dificuldades no próprio sistema de incompatibilidades e impedimentos e, consequentemente, na política salarial a desenvolver.

Efectivamente, sendo de uma forma geral, a política salarial, um processo decisório que visa implementar e desenvolver de forma eficaz, equilibrada e justa um conjunto de medidas que se insira e corresponda ao modelo remuneratório e ao contexto em que é aplicada, a mesma, depende também de outras variáveis que podem influenciar, alterar e determinar de forma indirecta o modo como se realiza.

De facto, a ausência de determinados critérios que permitam definir e regular um conjunto de incompatibilidades e impedimentos, por forma a adequarem-se à evolução de acontecimentos que podem ser prejudiciais à própria sustentabilidade económica e financeira do Estado, são factores a ter em conta, sendo por isso, o «RJII», uma peça determinante na evolução do «ERTCP» e da política salarial aplicada ao longo dos períodos em análise.

Desta forma, a necessidade de criação de um Regime que englobasse todo o sistema de incompatibilidades e impedimentos para os «TCP», evitaria a aparição, não só, de situações menos transparentes e que poderiam pôr em causa o dever de isenção, como também, evitaria a existência de conflitos de interesses, decorrentes, quer do exercício da sua actividade, quer da confluência de interesses financeiros e/ou patrimoniais, directos ou indirectos, resultantes das relações institucionais do público com o privado ou no sentido de benefício do próprio titular.

De facto, tendo em conta, o artigo 269° da «CRP», o qual determina no n° 1, *"...que no exercício das suas funções, os trabalhadores da Administração Pública e demais agentes do Estado e outras entidades públicas estão exclusivamente ao serviço do interesse público..."*, (Gomes, Canotilho & Moreira, 2005, p.168) pressupõe-se que a importância do sistema de incompatibilidades, garante, não só, o princípio da imparcialidade da Administração, como também, o princípio da eficiência, ou seja, o de boa gestão na administração.

Assim e como Marcelo Caetano[59] definiu, sendo as incompatibilidades uma *"...impossibilidade legal do desempenho de certas funções públicas por indivíduo que exerça determinadas actividades ou que se encontre em algumas das situações, públicas ou particulares, enumeradas na lei..."* (PGR, 1994) são também, um corolário do princípio constitucional da imparcialidade[60], ao não permitir a acumulação de cargos ou funções remuneradas que não sejam inerentes ao cargo principal e que, em contrário, podem ser susceptíveis de pôr em causa a isenção e imparcialidade exigida ao cargo.

Da mesma forma, no que respeita à dialéctica incompatibilidades e impedimentos, elas distinguem-se no modo em que, os impedimentos implicam a proibição dos órgãos e agentes da administração tomarem decisões sobre assuntos em que estejam pessoalmente interessados, de forma directa ou indirecta, bem como, de celebrarem ou tomarem parte em contratos celebrados com a administração.

Assim, antes de ser elaborado e promulgado o Regime de Incompatibilidades e Impedimentos pela Lei n.º 64/93, de 26 de Agosto, como anteriormente foi referido, toda a legislação no âmbito das incompatibilidades e impedimentos referentes aos «TCP», encontrava-se dispersa pelos vários

---

[59] Caetano, M. (1983), *Manual de Direito Administrativo*. Coimbra: Almedina, pp. 720 a 722, in Procuradoria-Geral da República, parecer n.º P451994, aprovado em 10 de Novembro de 1994. http://www.dgsi.pt/pgrp.nsf/.
[60] Vide artigo 266°, n° 2 da «CRP».

Estatutos[61] e Leis[62] existentes que estabeleciam os vários regimes desenvolvidos desde 1974.

Referindo-nos em concreto aos «TCP» que mais tarde ficariam abrangidos pelo Regime Jurídico de Incompatibilidades e Impedimentos[63] e pelo Estatuto Remuneratório do Titulares de Cargos Políticos[64], o Estatuto dos Deputados[65], criado em 1976 e revisto neste primeiro período por duas vezes, em 1979 e 1985, para além do estabelecido pela Constituição[66] já previa e regulava as incompatibilidades dos Deputados[67] e do Presidente da Assembleia da República[68].

Verificou-se também na referida Lei - o «RJII» -, a exclusão de alguns dos «TCP» abrangidos pelo «ERTCP», nomeadamente os membros do Conselho de Estado - por exercerem uma função secundária - e o «JTC» - por serem titulares de um órgão de soberania, a justiça, independente e autónomo do poder político -, no qual, as incompatibilidades e impedimentos começaram a ser reguladas, a partir de 1982, pelo «LTC» e pelo Estatuto dos Magistrados Judiciais[69] criado em 1977.

Por sua vez, seria só a partir da Lei n.º 9/90[70] e posterior revisão, efectuada pela Lei n.º 56/90, que os restantes «TCP» ficariam abrangidos pelo sistema de incompatibilidades e impedimentos, ao ser reunido num só diploma um grupo de titulares[71] - uns de cargos políticos, incluindo órgãos de soberania, outros

---

[61] Como por exemplo o Estatuto dos Deputados criado em 1976, o Estatuto dos Magistrados criado em 1977.
[62] Como por exemplo a Lei n.º 44/77, de 23 de Junho referente aos Eleitos Locais, Lei n.º 9/90, de 1 de Março e Lei n.º 56/90de 5 de Setembro, referente a incompatibilidades de cargos políticos e altos cargos públicos.
[63] O «DAR» e o «JTC» só ficariam abrangidos pelo «RJII» a partir da Lei n.º 28/95, de 18 de Agosto.
[64] Vide artigo 1º, n.º 2, alínea c) da Lei n.º 4/85, de 9 de Abril.
[65] Vide Lei n.º 5/76, de 10 de Setembro, Lei n.º 23/79, de 14 de Julho e Lei n.º 3/85, de 13 de Março.
[66] Vide artigo 154º, n.º 1 da «CRP».
[67] Vide artigo 7º da Lei n.º 5/76, de 10 de Setembro, artigo 19º da Lei n.º 3/85, de 13 de Março, e posteriores revisões efectuadas pelo artigo 3º da Lei n.º 98/89, de 29 de Dezembro - Lei de impedimentos dos deputados –, e pelos artigos 20º e 21º da Lei n.º 7/93, de 1 de Março.
[68] Vide n.º 3, do artigo 14º da Lei n.º 23/79, de 14 de Julho.
[69] Conforme o preceituado no artigo 222º, n.º 5 da «CRP», os juízes do Tribunal Constitucional ficaram sujeitos às incompatibilidades dos juízes magistrados, estipulado no artigo 13º da Lei n.º 21/85, de 30 de Julho, referente ao Estatuto dos Magistrados Judiciais.
[70] A promulgação desta Lei, originou o que viria mais tarde a ser o Regime de Incompatibilidades e Impedimentos dos Titulares de Cargos Políticos e Altos Cargos Público, através da promulgação da Lei n.º 64/93, de 26 de Agosto.
[71] Vide n.º 1 do artigo 1º da Lei n.º 9/90, e da Lei n.º 56/90.

de altos cargos públicos - e a respectiva regulação das incompatibilidades [72] e impedimentos[73].

1.4. Enquadramento legal das Incompatibilidades e Impedimentos e a Lei n.º 4/85 do Estatuto Remuneratório dos Titulares de Cargos Políticos

Inserido num contexto de múltiplas incertezas, efectivadas pelas relações de poder que induziam o destino do país a constantes sobressaltos, o contínuo processo de regulação dos direitos remuneratórios, assentes em critérios que permitissem tornar mais eficaz, rigoroso e transparente o «ERTCP», dependia em muito da forma com era elaborado, gerido e também pela abrangência que deveria ter o sistema de incompatibilidades e impedimentos nos direitos inscritos no respectivo Estatuto.

Relativamente ao sistema de incompatibilidades e impedimentos dos «TCP» que interessa analisar neste período, além do que estipulava a Constituição[74], - somente os Deputados e os Juízes do Tribunal Constitucional é que ficaram com o sistema de incompatibilidade e impedimentos expressamente estabelecidos -, para a maior parte dos titulares ainda não tinha sido definido um Estatuto próprio ou Lei específica que regimentasse o respectivo sistema, como anteriormente foi referido no presente estudo.

Com efeito, seria só através do Estatuto dos Deputados, criado em 1976 - posteriormente revistos por duas vezes até 1985 -, que o titular «DAR» seria o primeiro a ficar abrangido por um conjunto de normas relativas a incompatibilidades[75] e, de forma indirecta, a impedimentos[76], os quais estavam integrados em artigos correspondentes a diferentes âmbitos mas, cujo sentido estava subjacente o objectivo de impedir.

Deste modo, no Estatuto dos Deputados de 1985, as incompatibilidades estabelecidas, através do artigo 19º, determinavam para o efeito, aos deputados

---

[72] Vide artigo 2º da Lei n.º 9/90, de 1 de Março e da Lei n.º 56/90, de 5 de Setembro.
[73] Vide artigo 3º da Lei n.º 9/90, de 1 de Março e da Lei n.º 56/90, de 5 de Setembro.
[74] Vide n.º 2, do artigo 117º; art.º 154º, referente aos Deputados; n.º 3, n.º 4 e n.º 5 do artigo 216º e n.º 5, n.º 6, do artigo 222º, referente aos juízes do Tribunal, in «CRP».
[75] Vide artigo 7º, da Lei n.º 5/76, de 10 de Setembro; artigo 19º, da Lei n.º 3/85, de 13 de Março.
[76] Vide artigo 13º, n.º 1, da Lei n.º 3/85, de 13 de Março.

que fossem funcionários do Estado ou de qualquer entidade pública, a impossibilidade de acumularem essas funções com as de Deputados durante o período efectivo da Assembleia da República, criando no entanto uma excepção, ao não considerar como função pública e permitir, desde que gratuito, o exercício de funções como docente do ensino superior ou em actividades de investigação científica ou outras similares reconhecidas pela Assembleia da República.

A somar à norma de incompatibilidade estabelecida na «CRP» de 1982, - relativa à impossibilidade legal de exercer simultaneamente o cargo de Deputado com o de membro de Governo, no caso em que fossem nomeados durante o seu mandato, obrigando à sua substituição -, juntaram-se os impedimentos.

Como anteriormente foi referido, ainda que no Estatuto não estivesse expressamente declarado, a referência ao impedimento era feita no âmbito dos "Direitos e regalias dos Deputados", determinando para o efeito que só com o assentimento da Assembleia da República é que os deputados poderiam servir como jurados, peritos ou testemunhas.

No que respeita ao «JTC», como titular do Estatuto Remuneratório dos Titulares de Cargos Políticos, embora não ficasse posteriormente abrangido pelo Lei base do Regime Jurídico de Incompatibilidades e Impedimentos, foi em simultâneo com o «DAR», também sujeito a um regime de incompatibilidades e impedimentos, expressamente estipulado na Lei do Tribunal Constitucional[77], resultante da revisão constitucional[78] de 1982, permitindo-lhe a partir de então, ficar abrangido pelo Estatuto dos Magistrados Judiciais[79] de 1977 e revisto em 1985.

Assim foi, que no Estatuto dos Magistrados Judiciais, as incompatibilidades do «JTC» traduziram-se na impossibilidade legal do exercício simultâneo do cargo com qualquer outra função, fosse em órgãos de soberania, poder regional e/ou local ou ainda no exercício de qualquer outro cargo na função pública ou no privado. Havendo, contudo, uma excepção que o possibilitava de exercer a função de docente ou de investigação científica de natureza jurídica, desde que não fossem remunerados.

---

[77] Vide artigo 27º e 29º da Lei n.º 28/82, de 15 de Novembro, do Tribunal Constitucional.
[78] Vide artigo 222º, n.º 5 da «CRP» e também o n.º 1 do artigo 29º, da Lei n.º 28/82, de 15 de Novembro.
[79] Vide artigo 15º, da Lei n.º 85/77, de 13 de Dezembro.

Posteriormente, com a revisão do Estatuto dos Magistrados Judiciais[80] em 1985, foi estabelecido um limite pelo qual, somente os magistrados no activo ficariam abrangidos pela mesma incompatibilidade, aplicando-se consequentemente as excepções previstas para o respectivo titular, as quais foram aumentadas e reguladas, podendo deste modo o «JTC», exercer também funções directivas em organizações sindicais da magistratura judicial[81].

Ainda no mesmo Estatuto, foram introduzidos os impedimentos[82] que não estavam previstos na Lei anterior e que se adequam ao caso do «JTC», segundo as alíneas b), c) e d) do artigo 23º da «LTC», por forma a evitar suspeições e manter o regular e bom nome da justiça.

Deste modo, constata-se que entre as incompatibilidades e impedimentos aplicadas aos titulares atrás enunciados, embora fossem de intensidade diferente dentro da sua categoria, revelavam uma maior permissividade aquelas que tinham sido estabelecidas para o «DAR», por não abrangerem todos os deputados.

No entanto, em termos gerais as incompatibilidades permitiam impor a independência dos «JTC» e dos DAR» no exercício do seu mandato, face a qualquer outro poder institucional público ou privado, bem como, a imparcialidade e a transparência, contribuindo desta forma para a defesa e desenvolvimento do princípio do Estado de direito democrático num período bastante melindroso.

Assim, no final deste período de pleno teor reformista, com a crise económica quase ultrapassada e a eminente entrada de Portugal na «CEE», em simultâneo com a primeira revisão do Estatuto dos Magistrados Judiciais e a segunda revisão do Estatuto dos Deputados, surge, em 1985, o «ERTCP», por forma a abranger e regular num só quadro legal, não só, toda a legislação existente, como também, em reunir e estabelecer novos direitos remuneratórios, tendo em conta, no que respeita às incompatibilidades e impedimentos, as especificidades dos cargos dos titulares que o integravam.

Neste sentido, o «ERTCP» ao atribuir os mais elevados vencimentos e restantes remunerações, no universo político e judicial, aos representantes dos órgãos de soberania e a entidades a eles equiparadas tinha tido em conta, não só, a importância dos respectivos cargos, mas também as incompatibilidades e

---

[80] Vide artigo 13º, da Lei n.º 21/85, de 30 de Julho.
[81] Vide artigo 13º, n.º 1 e n.º 3, da Lei n.º 21/85, de 30 de Julho.
[82] Vide artigo 7º, da Lei n.º 21/85, de 30 de Julho.

impedimentos inerentes ao cargo que representavam, conjugando, deste modo, a regulação dos direitos remuneratórios com o sistema de incompatibilidades e impedimentos existentes que, no seu todo, tornam o modelo remuneratório mais fiável, transparente e eficaz. Impondo, por fim, à política salarial que viesse a ser desenvolvida mais rigor e racionalidade.

Com efeito, a relação existente entre o sistema de incompatibilidades e impedimentos e o «ERTCP» de 1985, efectuou-se em vários âmbitos, referentes sobretudo aos titulares «DAR» e «JTC», sendo a primeira a registar no âmbito da remunerações dos deputados, através do n.º 6 do artigo 16º, no qual, aplicou o regime de exclusividade - regra geral implica a incompatibilidade do cargo com quaisquer outras funções, públicas ou privadas, remuneradas ou não -, de modo a obterem acesso ao abono mensal, os deputados que exercessem funções inerentes ao cargo, impedindo-os desta forma de exercerem outras funções, tais como, a docência e investigação científica.

A segunda, foi no âmbito do "Direito de opção"[83], atribuído aos deputados que fossem funcionários do Estado ou de outras pessoas colectivas públicas, permitindo a este titular, poder optar pelo vencimento e subsídios do seu cargo de origem.

No entanto, da relação entre este direito e a incompatibilidade estabelecida no artigo 19º do Estatuto dos Deputados, no qual impossibilitava a acumulação de cargos para o mesmo titular que fosse funcionário do Estado, sobressai uma ambiguidade entre as normas e, consequente desigualdade de direitos, traduzida no benefício do respectivo titular poder auferir de um vencimento mais remunerado, correspondente à função anteriormente exercida.

Ao prever esta situação mas não eliminando-a, o Estatuto Remuneratório dos Titulares de Cargos Políticos teve o cuidado em colmatar a desigualdade verificada, estabelecendo como contrapartida, a impossibilidade dos respectivos titulares - Deputados que fossem funcionários do Estado ou de outras pessoas colectivas públicas - terem o direito às ajudas de custo[84].

Em consequência desta medida, estabelecida no «ERTCP», no âmbito do "Regime fiscal"[85] observou-se também uma relação, embora de forma indirecta, com a mesma incompatibilidade atrás mencionada, ao obrigar os mesmos titulares

---

[83] Vide n.º 1, do artigo 19º, da Lei n.º 4/85, de 9 de Abril.
[84] Vide n.º 2, do artigo 19º, da Lei n.º 4/85, de 9 de Abril.
[85] Vide n.º 2, do artigo 20º, da Lei n.º 4/85, de 9 de Abril.

– os Deputados que fossem funcionários do Estado ou de outras pessoas colectivas públicas – a ficarem abrangidos por um regime fiscal diferente dos restantes titulares do «ERTCP.

No que respeita ao «JTC», a relação existente entre as incompatibilidades e impedimentos e o «ERTCP» viria a observar-se, conjuntamente com o «DAR», no âmbito do regime de subvenções.

Com efeito, no regime de subvenções sobressai o modo como é regulada a atribuição do direito à mesma, isto é, ao contrário do «JTC», o qual tem de exercer o respectivo cargo sem poder acumular funções remuneradas durante o período de tempo estipulado - oito anos - para ter acesso à subvenção mensal vitalícia[86], o «DAR» pode exercer outras funções não previstas nas incompatibilidades estabelecidas no Estatuto dos Deputados, nomeadamente no sector privado e que, apesar de não influenciar na atribuição do direito à subvenção, permite-lhe auferir de um direito remuneratório em condições privilegiadas quando em comparação com o «JTC».

Ainda a este respeito, embora não esteja expressamente estabelecido em relação aos membros do Governo, qualquer incompatibilidade idêntica à do «JTC», está implícito nas características do cargo, a impossibilidade de acumular funções que lhes permitissem ficar numa situação privilegiada em termos remuneratórios, como sucedeu com o «DAR».

De igual modo, a mesma situação aplica-se no âmbito do subsídio de reintegração[87], atribuído aos mesmos titulares no Estatuto Remuneratório dos Titulares de Cargos Políticos.

Pode-se desta forma afirmar que o sistema de incompatibilidades e impedimentos, como parte integrante do processo de regulação do exercício dos cargos dos «TCP» que caracterizou todo este período, evoluiu no sentido de se adequar ao contínuo e inúmero aumento de novas relações institucionais que iam surgindo e se tornando mais complexas, conforme a reorganização do Estado ia evoluindo para o seu termo.

Verificar-se-ia assim, em consonância com o processo de regulação remuneratória, no qual acabou por resultar, em 1985, no «ERTCP», que o sistema de incompatibilidades e impedimentos cingir-se-ia, sobretudo, em regular o exercício de funções dos «TCP», nomeadamente os Deputados e os Juízes do

---

[86] Vide n.º 1, do artigo 24º, da Lei n.º 4/85, de 9 de Abril.
[87] Vide n.º 2, do artigo 31º, da Lei n.º 4/85, de 9 de Abri.

Tribunal Constitucional que pela natureza do cargo que detinham, estariam mais expostos às condicionantes de todo o tipo de relações de poder e que, em último caso, poderiam influenciar em termos remuneratórios os próprios titulares.

Na necessidade de evitar tais conflitualidades e influências, verificou-se uma adequação e um aperfeiçoamento na correlação entre os direitos remuneratórios e as incompatibilidades e impedimentos – o que não significa uma distribuição equitativa e justa dos mesmos entre os «TCP» – ao introduzir-se no «ERTCP» e, sobretudo em relação aos Deputados, o regime de exclusividade como critério de regulação na atribuição de determinados direitos remuneratórios, entre os quais, o direito ao abono mensal para despesas de representação e as subvenções, consoante determinadas condições.

Por fim, no final deste período, em consequência do processo de regulação dos direitos remuneratórios e das incompatibilidades e impedimentos, verificar-se-ia que o «DAR», sendo embora, de entre os «TCP», aquele que sofreria uma maior intensidade no âmbito da regulação das incompatibilidades e impedimentos, seria também o titular que mais beneficiaria com a actualização dos vencimentos, revelando assim, a forma pouco justa e desproporcional como era até então aplicada a política salarial entre os «TCP».

CAPÍTULO II

Evolução remuneratória dos Titulares de Cargos Políticos no período de 1986/96

O período em análise caracterizou-se, sobretudo, pela estabilidade política resultante dos oito anos de governação em maioria absoluta por um mesmo partido[88] e que, incrementada e impulsionada pela entrada de Portugal na «CEE» em 1986, foram no seu conjunto, factores decisivos para o desenvolvimento económico e social nunca antes verificados até então no país.

Reforçado pelo melhoramento, embora tímido, dos índices económicos dos finais do período anterior[89], o novo Governo eleito em maioria absoluta teve as condições necessárias para implementar com sucesso as necessárias políticas e reformas públicas que visassem o desenvolvimento económico-social[90] e, consequente aprofundamento democrático[91].

De tal modo foi que, as mesmas, reflectiram-se de forma simultânea e exponencial no aumento e manutenção do alto índice de produtividade, com o valor do «PIB[92]» a atingir, logo no início da primeira legislatura, em 1987, os 7,63% e, no final da mesma, em 1990, um valor semelhante, correspondente a 7,86%.

---

[88] O PSD de Cavaco Silva entrou neste período a governar, tendo obtido em 1987, a primeira das duas maiorias absolutas alcançadas - a outra foi em 1991 -. http://www.portugal.gov.pt/o-governo/arquivo-historico/governos-constitucionais.aspx

[89] «PIB», em 1985, foi de 1.64% e, em 1986, foi de 3,32%. http://www.pordata.pt/Portugal

[90] Em relação ao forte investimento público nos diversos sectores da economia, quer público, quer privado, associados à liberalização do mercado – exigência da própria «CEE».

[91] Reflectidas nas relações interinstitucionais e nas reformas necessárias que contribuíssem para a modernização do Estado – descentralização e desconcentração da Administração Pública - e, consequente desenvolvimento da cidadania.

[92]Todos os dados relativos aos índices económicos, a partir de 1986, foram retirados da Pordata. http://www.pordata.pt/Portugal

59

2.1. Evolução dos vencimentos dos Titulares de Cargos Políticos no período de 1986/96

Ao mesmo tempo, coincidindo com o crescimento económico, verificado nesta primeira metade do período em análise, assistiu-se, em termos salariais, a um aumento exponencial dos vencimentos dos «TCP».

Com efeito, após uma análise mais pormenorizada e específica, como se pode observar na tabela n.º 2-B, verificou-se que o vencimento do Presidente da República, cujo montante, em 1986, era de 227000$00 (1135 euros), beneficiou de um primeiro aumento nominal de 173000$00 (865 euros), em consequência da sua actualização, efectuada em 1988[93], correspondente a 400000$00 (2000 euros) e, logo a seguir, de um segundo aumento nominal, correspondente a 404000$00 (2020 euros), em igual período de tempo, atingindo deste modo o montante de 804000$00 (4020 euros) em 1990.

Este registo de sucessivas actualizações dos vencimentos, verificadas em tão curto prazo de tempo, embora revelassem um exponencial aumento, para se ter a exacta percepção do mesmo, efectuou-se uma análise da taxa de variação dos respectivos valores para os mesmos subperíodos.

Deste modo, verificou-se para o efeito, como se pode observar na tabela n.º 2-B, que no primeiro subperíodo, ou seja, entre 1986 e 1988, o aumento nominal no vencimento do Presidente da República e, por conseguinte dos «TCP[94]», correspondeu a uma taxa de variação de 76%, superiorizando-se posteriormente, no segundo subperíodo, ou seja, entre 1988 e 1990, ao atingir os 101%.

Estes valores corresponderiam também à média da taxa de variação, ou seja, à média de aumento dos vencimentos dos «TCP» registados nos respectivos subperíodos, como se pode observar na tabela n.º 3-A.

Assim, na primeira metade do período em análise, ou seja, entre 1986 e 1990, como se pode observar na tabela n.º 2-B, em resultado da actualização de 227000$00 (1135 euros) para 804000$00 (4020 euros) e respectivo aumento nominal de 577000$00 (2885 euros), verificar-se-ia, em termos de taxa de variação, um aumento de 254% no vencimento do «PR», o qual, como se pode

---

[93] Vide, Lei n.º 102/88, de 25 de Agosto.
[94] Não inclui o titular «JTC».

observar na tabela n.º 3-A, seria também o aumento médio verificado nos vencimentos dos restantes «TCP», beneficiando deste modo, praticamente do triplo do aumento em apenas quatro anos.

Poder-se-ia assim afirmar, que o exponencial aumento verificado nos vencimentos dos «TCP» justificar-se-ia, tendo em conta, o elevado crescimento económico. No entanto, para que tal fosse verdade teria que se verificar um aumento semelhante nos montantes do Salário Mínimo Nacional e do Salário Mínimo da Administração Pública em igual período, por forma que a política salarial seguida respeitasse os princípios que a regulam.

Contudo, feita uma análise comparativa, quer em termos nominais, quer em termos de taxa de variação dos valores actualizados do «SMN» e «SMAP», verificou-se que o aumento registado nos seus montantes foi bastante menor.

Com efeito, o «SMN» e «SMAP», como se pode observar na tabela n.º 2-B, cujos montantes, em 1986, correspondiam a 22400$00 (112 euros) e 23600$00 (118 euros), tinham sido actualizados quatro anos depois, mais precisamente em 1990, para um montante correspondente a 35000$00 (175 euros) e 35400$00 (177 euros), respectivamente. Beneficiando o «SMN» durante este período, de um aumento nominal de 12600$00 (63 euros) e o «SMAP» de um aumento nominal de 11800$00 (59 euros).

Estes aumentos, por sua vez, corresponderiam a uma taxa de variação de 55% no «SMN» e de 54% no «SMAP», o que comparativamente à média da taxa de variação verificada no aumento do vencimento dos «TCP», significou uma diferença de 200%, ou seja, bastante inferior ao aumento médio registado nos vencimentos dos «TCP» em igual período.

Este facto, para além de revelar a inexistência de uma justificação plausível do aumento exponencial nos vencimentos dos «TCP», revela também a aplicação de uma política salarial que não teve em conta os princípios e critérios que a orientam e regulam, beneficiando, assim, os «TCP» em detrimento do «SMN» e «SMAP» no princípio deste período.

Até ao final do período em análise, os índices económicos foram-se esmorecendo, sobretudo, devido ao acentuado decréscimo dos valores do «PIB» e consequentes aumentos dos valores do défice público verificados a partir de 1991, culminando ambos, em 1993, com um rácio negativo de -0,69% do «PIB» e de 8,1% no défice público.

Este decréscimo registado nos principais índices económicos, por estarem envoltos numa superficial instabilidade política que ia instalando-se e agravando-se gradualmente, foram factores de grande pressão política utilizada pela oposição parlamentar, acabando por levar a uma mudança de Governo e, consequente trajectória na linha de orientação política e administrativa do país, a qual se efectivou com a realização das eleições legislativas de 1995.

Consequentemente, em 1996, decorrido o primeiro ano de mandato do novo Governo[95] minoritariamente eleito, o país, envolto pela recuperação considerável dos valores do «PIB» - atingiria para este ano os 3,69% - e pela diminuição do défice público - valor registado para este ano, seria de 5,5% -, manifestava uma atmosfera de optimismo e confiança no futuro, que seriam motivos que acabariam por ofuscar e desvalorizar, em certo modo, o problema da dívida pública, a qual tinha aumentado 7% desde o ano de 1986, acabando por atingir no final deste período os 58,2%.

Foi neste contexto, que a actualização dos montantes de vencimento atribuídos aos «TCP» seria efectuada, verificando-se que em relação ao Presidente da República, como se pode observar na tabela n.º 2-B, este titular, beneficiaria de um aumento nominal de 150000$00 (750 euros), em resultado da diferença verificada nos vencimentos registados em 1990 e 1996, cujos montantes, eram de 804000$00 (4020 euros) e de 954000$00 (4770 euros) respectivamente.

Este aumento considerável no vencimento, corresponderia por sua vez a uma de taxa de variação de 19%, a qual, embora sendo inferior aos anteriores aumentos de 76% e 101%, não deixou, ainda assim, de corresponder a um terceiro aumento aplicado aos vencimentos dos «TCP» ao longo deste período, o que acaba por comprovar, o claro benefício da política salarial aplicada aos respectivos titulares.

A análise anteriormente feita dos subperíodos mais importantes que integram este mesmo período, embora permitam dar a compreender detalhadamente o contexto em que foram actualizados os montantes e os factores que justificam, ou não, a sua aplicação, bem como a política salarial seguida, não nos oferecem uma perspectiva geral da evolução dos vencimentos dos «TCP» verificada ao longo dos períodos já analisados.

---

[95] Referente ao XIII Governo Constitucional que tomou posse a 28 de Outubro de 1995, sendo constituído pelo Partido Socialista com base nos resultados das eleições de 1 de Outubro de 1995, terminando a respectiva legislatura em 25 de Outubro de 1999. http://www.portugal.gov.pt/pt/o-governo/arquivo-historico/governos-constitucionais/gc13/tomada-de-posse/tomada-de-posse-do-xiii-governo-constitucional.aspx

Assim, foi necessário fazer uma análise aos respectivos vencimentos registados no princípio e final deste período e, comparar a média de aumento resultante da análise proposta com a média de aumento verificada no período anterior, por forma a perceber qual a evolução registada.

Deste modo, após um primeiro momento da análise proposta, como se pode observar na tabela n.º 2-B, constatou-se que em termos nominais, o vencimento do Presidente da República registou, entre 1986 e 1996, um aumento nominal de 727000$00 (3635 euros), em resultado da actualização do vencimento de 227000$00 (1135 euros) para 954000$00 (4770 euros).

Este aumento, corresponderia a uma taxa de variação de 320% que, por sua vez, seria idêntica para os restantes «TCP[96]», em virtude dos seus vencimentos estarem indexados ao vencimento do «PR», determinando, assim, a média de aumento verificada nos vencimentos dos «TCP» incluídos nesta análise.

Num segundo momento, em termos de comparação da média da taxa de variação, como se pode observar na tabela n.º 3-A, foi possível verificar que a média de 320% de aumento, registada neste período, seria 7% superior em relação à média de 313% de aumento dos vencimentos dos «TCP» registada no primeiro período.

Esta diferença, seria no entanto mais elevada, se fosse considerado o vencimento dos Juízes do Tribunal Constitucional.

Com efeito, após uma análise efectuada para este mesmo período, como se pode observar na tabela n.º 2-B, verificou-se que o vencimento do «JTC», beneficiou de um aumento nominal de 791000$00 (3955 euros), resultante da subida do montante de 140000$00 (700 euros) registado em 1986, para um montante de 931000$00 (4655 euros) registado em 1996.

Este aumento, correspondente a uma taxa de variação de 565%, o qual seria também o maior alguma vez registado no universo dos «TCP» em todos os períodos até agora analisados, como se pode observar nas tabelas n.º 2-A e 2-B, aumentaria de 320% para 347% a média da taxa de variação de todos «TCP», como se pode observar na tabela n.º 3-A, verificando-se assim que, em relação ao anterior período, a diferença da média da taxa de variação dos «TCP», incluindo os «JTC», seria não de 7%, mas de 34%.

---

[96] O titular «JTC» não está incluído devido ao seu vencimento não estar indexado ao vencimento do «PR».

Desta forma, é possível afirmar que para o período em análise, o aumento registado no vencimento dos «TCP» faria prever uma inversão na evolução dos seus vencimentos em relação ao Salário Mínimo Nacional e Salário Mínimo da Administração Pública, se estes não mantivessem o mesmo valor médio de aumento percentual - média da taxa de variação - registado no período anterior o que, a confirmar-se, reflectir-se-ia no aumento da diferença salarial, a qual determinaria por sua vez a respectiva inversão.

Assim, após uma análise efectuada à evolução dos montantes do «SMN» e «SMAP» para este período, como se pode observar na tabela n.º 2-B, verificou-se que estes, registaram um aumento nominal de 32000$00 (160 euros) e de 28600$00 (143 euros) respectivamente, em resultado da diferença registada na actualização salarial efectuada em 1986, cujos montantes, do «SMN» e do «SMAP», eram de 22400$00 (112 euros) e de 23600$00 (118 euros) e que, em 1996, passaram a ser de 54400$00 (272 euros) e de 52200$00 (261 euros) respectivamente.

Estes aumentos verificados no «SMN» e no «SMAP», corresponderiam, pela mesma ordem, a uma taxa de variação de 143% e de 121%, o que significa, que em média, os seus montantes tinham aumentado 132%, como se pode observar na tabela n.º 3-A.

Assim, verificar-se-ia que o aumento médio registado nos montantes do «SMN» e «SMAP» seria substancialmente inferior em relação ao aumento médio de 475% registado no período anterior, sofrendo deste modo uma redução exponencial de 343%.

Esta redução, em simultâneo com o aumento da média da taxa de variação dos «TCP[97]», foram factores determinantes para a ocorrência de uma inversão na evolução dos vencimentos dos «TCP», a qual seria confirmada pelo resultado dos valores subtraídos da diferença da média da taxa de variação dos «TCP» em relação ao Salário Mínimo Nacional e Salário Mínimo da Administração Pública nos dois períodos até agora analisados.

Com efeito, como se pode observar na tabela n.º 3-A, a taxa de variação do «SMN» e «SMAP», cujo aumento médio, foi superior 162% em relação aos

---

[97] Refere-se à média que não inclui o aumento verificado nos vencimentos dos «JTC», por forma, a oferecer uma comparação efectiva em relação aos valores registados no período anterior, os quais, por razões anteriormente referidas não incluíam os valores dos «JTC». Contudo, se incluídos os valores dos «JTC» no período actual a diferença disparava para os 215%.

64

«TCP» no primeiro período, sofreria uma inversão abrupta e exponencial no presente período, ao passar para um valor negativo de 188%[98] em benefício dos «TCP», o qual reflectir-se-ia em simultâneo na diferença salarial registada nos anos exactos que delimitam os respectivos períodos.

Assim é, que após uma análise efectuada aos respectivos valores para os anos em questão e que permitirão obter uma melhor percepção da diferença salarial que os intervenientes em estudo tinham entre si, como se pode observar na tabela n.º 4, verificou-se que o vencimento dos «TCP», em 1976, era 911% superior ao «SMN» e «SMAP», ou seja, 9 vezes mais, diminuindo em 1986, para 578%, ou seja, para um valor 6 vezes superior e, por fim, aumentando em 1996, para 1130%, ou seja, para um valor 11 vezes superior aos montantes do «SMN» e SMAP», confirmando desta forma, a inversão na evolução dos vencimentos dos «TCP» e, consequente agravamento do fosso da diferença salarial existente entre os respectivos intervenientes.

Não só menos importante e que realça também desta análise, foi o facto de os beneficiários do «SMAP» terem sido prejudicados em relação aos «TCP» na actualização dos vencimentos e, tendo ambos, como entidade patronal o Estado, torna a política salarial aplicada ainda mais injusta e desigual.

A este respeito, é também por demais evidente que a política salarial aplicada descurou os seus princípios, beneficiando os «TCP» em detrimento, não só, dos beneficiários do «SMN» e «SMAP», mas também em relação aos trabalhadores por conta de outrem, como se pode constatar pela análise efectuada à evolução do Salário Médio do Sector Privado[99] «SMSP».

Com efeito, como se pode observar na tabela n.º 2-B, o «SMSP», cujo montante em 1986, era de 35600$00 (178 euros) e que, em 1996, passou a ser de 104400$00 (522 euros), registaria um aumento nominal de 68800$00 (344 euros) que, em termos de taxa de variação, corresponderia a um aumento de 193%.

Este aumento verificado no «SMSP», como se pode observar na tabela n.º 3-A, seria bastante menor em comparação com o aumento médio de 320% verificado nos vencimentos dos «TCP[100]», resultando numa diferença de 127%,

---

[98] Refere-se ao ponto anterior (97).
[99] A introdução do «SMSP» na análise é importante para se ter uma perspectiva da evolução salarial dos «TCP» em relação à classe média- quadros médios do sector laboral.
[100] Ibidem (13) – 1º parágrafo. Contudo se incluídos os valores dos «JTC» no período actual, a diferença aumentava exponencialmente para os 154%.

que permite comprovar que o aumento médio verificado nos vencimentos dos «TCP» tinha sido muito superior à média de aumento dos montantes verificados no «SMSP».

A conjugação dos resultados das análises atrás desenvolvidas, corroboram e provam de facto, a forma como foi aplicada a política salarial desenvolvida no período em análise, isto é, entre 1986 e 1996, beneficiando de sobremaneira os «TCP» em relação aos beneficiários do «SMN», «SMAP» e restantes trabalhadores representados no «SMSP», desrespeitando, não só, os princípios constitucionais que deveriam prevalecer na sua aplicação, como também, a harmonia salarial que deveria ser mantida entre os intervenientes.

2.2. Evolução do Estatuto Remuneratório dos Titulares de Cargos Políticos

Em simultâneo com o contínuo e exponencial aumento dos vencimentos dos «TCP» registado neste primeira metade do período em análise, ou seja, entre 1986 e 1990, verificar-se-ia o reajustamento de alguns dos direitos remuneratórios inscritos no «ERTCP», em resultado do desenvolvimento económico, político e social que vinha a manifestar-se e que, não só espelhava a forma como era desenvolvida a política salarial dos respectivos titulares, como também, era ao mesmo tempo reflexo do contexto económico em que a mesma se desenvolvia.

2.2.1. A 1ª revisão do Estatuto Remuneratório dos Titulares de Cargos Políticos, efectuada pela Lei n.º 16/87

Embora não incidisse nem influenciasse directamente a evolução dos vencimentos dos «TCP», a primeira revisão efectuada no «ERTCP», através da Lei n.º 16/87, de 1 de Junho, no início do segundo período, caracterizar-se-ia na sua grande parte, pelo melhoramento dos direitos remuneratórios atribuídos aos respectivos titulares, tanto no âmbito do regime remuneratório, no qual incidiria sobretudo no aumento do abono mensal, como no âmbito do regime de subvenções, através do aumento da abrangência deste direito em relação ao número de titulares.

Com efeito, a primeira revisão consistiu num conjunto de alterações, aditamentos e revogações que, no seu todo, envolveu um grupo de dez artigos, dos quais, sete foram alterados[101], um aditado e dois revogados e que contribuiriam, não só, para o aperfeiçoamento da regulação dos respectivo direitos, como iriam de uma forma geral beneficiar os «TCP».

Assim foi, que de entre os artigos revistos, seriam, sobretudo, quatro os que beneficiariam os «TCP», estando um deles inserido no âmbito do regime remuneratório e os restantes no âmbito do regime de subvenções.

No âmbito do regime remuneratório, de entre as alterações[102] verificadas, a primeira e única que beneficiaria os «TCP» seria a alteração efectuada no artigo 16º, referente às "Remunerações dos deputados"[103], ao aumentar o número de titulares com direito a abono mensal para despesas de representação.

As restantes alterações que beneficiariam os «TCP», por forma a verem os seus direitos remuneratórios melhorados, verificar-se-iam no âmbito do regime de subvenções, mais especificamente no artigo 24º e no artigo 27º.

Com efeito, de entre as duas alterações introduzidas no artigo 24º, referente à "Subvenção mensal vitalícia"[104], seria a segunda que, através do aditamento do n.º 4, iria beneficiar os «TCP» - neste caso mais específico os Deputados – pois, ao incluir para efeitos de contagem o tempo por eles exercido,

---

[101] No âmbito do regime remuneratório, as alterações efectuaram-se no artigo 16º, referente às remunerações dos deputados e a segunda no artigo 23º, referente ao reembolso de despesas dos membros do Concelho de Estado. No âmbito do regime de subvenções, as alterações efectuadas pela presente Lei, incidiram sobre os artigos 24º, 26º, 27º, 29º e 31º.

[102] A segunda alteração incidiu no n.º 2, do artigo 23º, referente ao reembolso de despesas dos membros do Concelho de Estado, no qual, estabeleceu, a redução do montante de ajudas de custo a auferir pelos membros do Conselho de Estado designados pelo «PR» ou eleitos pela Assembleia da República, através da eliminação de dois dias, quando em exercício de funções.

[103] Neste artigo, foi introduzido um novo n.º 6, cujo preceituado, estabelecia para os deputados que exercessem em acumulação com o seu cargo, as funções de vice-secretários da Mesa da Assembleia, o direito de auferirem de um montante de abono mensal para despesas de representação, que anteriormente não tinham direito, no valor de 10% do respectivo vencimento.

Em consequência deste aditamento, o preceituado no n.º 7 - anterior n.º 6 -, teve de ser alterado, devido ao aumento do número de deputados, abrangidos pelo direito ao abono mensal, em regime de exclusividade.

[104] A primeira alteração incidiu sobre o artigo 24º, referente à subvenção mensal vitalícia, ao revogar o n.º 2 e aditar o n.º 4. Em consequência desta alteração o artigo 24º teve de ser renumerado.

seguido ou interpolado no cargo de governador ou de vice-governador civil, o respectivo titular, veria assim aumentada a probabilidade de poder aceder de forma mais rápida ao direito de usufruir da subvenção mensal vitalícia.

No que respeita à alteração efectuada no artigo 27º, referente à "Acumulação de pensões"[105], verificar-se-ia, através do aditamento do n.º 2, que os «TCP» - neste caso os membro do Governo, os Deputados e os Juízes do Tribunal Constitucional que não fossem magistrados - também sairiam beneficiados, ao permitir que estes titulares pudessem, não só, aceder de forma mais rápida à aposentação ou reforma, como provavelmente – dependendo dos casos – de beneficiar de uma pensão ou reforma mais elevada.

Relativamente às restantes alterações, efectuadas pela primeira revisão do «ERTCP», importa salientar aquelas que embora não beneficiassem directamente os «TCP» em termos pecuniários, tiveram um papel importante no aperfeiçoamento da regulação de determinados direitos remuneratórios, ao impor um maior rigor e racionalização de medidas para a atribuição dos mesmos.

Com efeito, de entre os artigos alterados, importa salientar os que tinham como principal objectivo limitar, restringir e até impossibilitar - quer em número de titulares ou cargos, em termos temporais, em termos remuneratórios, quer ainda na acumulação dos respectivos direitos - o seu acesso e que no seu conjunto, inseriam-se no âmbito do regime de subvenções.

Assim, no que respeita à limitação do número de titulares ou de cargos imposta pela actual revisão, a sua introdução verificar-se-ia através da alteração do preceituado do n.º 2 e do aditamento do n.º 3 no artigo 26º, referente à "Suspensão da subvenção mensal vitalícia"[106], ao limitar o acesso à respectiva subvenção, através do aumento do número de cargos que se exercidos pelos titulares membros do Governo, Deputados e Juízes do Tribunal Constitucional, levaria

---

[105] O aditamento do n.º 2 do artigo 27º, determinava para o efeito a possibilidade dos titulares, membros do Governo, «DAR» e «JTC» que não fossem magistrados de carreira, poderem contar, para efeitos de aposentação ou de reforma, o tempo de exercício de funções em cargos políticos.

[106] A quarta alteração efectuada, verificou-se com a revisão do artigo 26º, através da alteração do preceituado, consignado no n.º 2, referente à suspensão da subvenção mensal vitalícia, no qual, estabeleceu um aumento do número de cargos com efeito suspensivo da respectiva subvenção caso fossem exercidos pelos titulares membros do Governo, «DAR» e «JTC» que não fossem magistrados de carreira. Ainda no mesmo artigo, foi aditado o n.º 3, que limitou ainda mais, o acesso à subvenção pelos titulares por ela abrangidos, sendo mesmo suspensa, no caso, de assumirem o cargo de gestor público e auferirem de uma remuneração mensal superior ao do cargo, de membros do Governo, «DPAR» e «JTC» que não fossem magistrados de carreira.

à imediata suspensão do respectivo direito.

No que respeita às alterações que introduziram ou impuseram ainda mais um limite remuneratório para a obtenção de determinados direitos inscritos no regime de subvenções, as mesmas incidiram sobre os artigos 27º e 29º.

Com efeito, em relação à revisão do artigo 27º, referente à "Acumulação de pensões", importa salientar a alteração efectuada no n.º 1, no qual ficou estabelecido um limite remuneratório, cujo montante, não podia exceder o vencimento mensal legalmente fixado para o cargo de Ministro, conforme estipulava o artigo 1º do Decreto-Lei n.º 410/74, de 5 de Setembro[107], aos titulares consignados no n.º 1 do artigo 24º, ou seja, os membros do Governo, «DAR» e «JTC» que não fossem magistrados de carreira e que acumulassem a subvenção mensal vitalícia com a pensão de reforma ou de aposentação.

Em relação ao artigo 29º, referente à "Subvenção em caso de incapacidade física ou psíquica", a alteração agora efectuada, impôs como critério necessário para que os «TCP» pudessem obter o direito de usufruir de uma subvenção em caso de incapacidade física ou psíquica - correspondente a 50% do seu vencimento - um limite remuneratório, cujo montante de vencimento ou subsídio auferido pelo respectivo titular não podia ser superior à respectiva subvenção.

A introdução deste limite remuneratório, ao colmatar a ausência de um critério que permitia aos «TCP» acederem de forma simples e automática a uma subvenção de considerável montante, restringia e aperfeiçoava em simultâneo, a regulação na atribuição do respectivo direito.

No que respeita às alterações que introduziram ou impuseram ainda mais um limite temporal para a obtenção de determinado direito inscrito no regime de subvenções, estas, incidiram sobre o artigo 31º, referente ao "Subsídio de reintegração", atribuído aos titulares membros do Governo, Deputados e Juízes do Tribunal Constitucional que não fossem magistrados de carreira, consignados no n.º 1 do presente artigo.

Deste modo, embora se mantivesse inalterado o n.º 1, foi sobretudo, através do aditamento do novo n.º 2, - o que obrigou à renumeração do anterior n.º 2, para n.º 3 – que se verificou a introdução do respectivo limite, ao ser estabelecido um período de tempo de 90 dias para dar início ao processamento do

---

[107] Este Decreto-Lei intitulava-se por "Limite máximo das pensões de reforma". http://www1.ci.uc.pt/cd25a/wikka.php?wakka=extinc10.

subsídio de reintegração, após a cessação de funções dos titulares que a ele tivessem direito.

Por fim, seria ainda introduzida pela presente revisão, através do aditamento do n.º 5 no artigo 31º, a impossibilidade de acumulação do direito ao subsídio de reintegração no mesmo período de mandato aos titulares com direito à mesma.

As alterações verificadas nos restantes números dos artigos revistos são, sobretudo, consequência das principais alterações atrás referidas e foram efectuadas no sentido de regularizar determinados procedimentos que envolvem os direitos já atribuídos, seja na forma de sanções pecuniárias - inscritas no n.º 3 e n.º 4 do artigo 31º[108] - ou na transitoriedade de regime de determinado direito atribuído a ex-titulares de cargos políticos - como foi o caso da revogação do n.º 2 do artigo 24º[109] – e, também de mero procedimento informativo - como aconteceu com o aditamento do n.º 3 do artigo 27º[110] -.

Por fim, no que respeita à introdução e/ou revogação de artigos, a presente Lei, através dos artigos 2º, 3º, 4º e 5º, introduziu um novo artigo 32º, substituindo-o pelo anterior com o mesmo número.

Como consequência do aditamento do artigo 32º e revogação do artigo 33º, o anterior artigo 32º foi automaticamente renumerado, substituindo o revogado artigo 33º. Por último, foi ainda revogado pela presente Lei, o artigo 19º, referente ao "Direito de opção".

---

[108] Relativamente à nova redacção do preceituado, consignado no n.º 3 - anterior n.º 2, do artigo 31º, na Lei nº 4/85 - a alteração, referia-se aos beneficiários do subsídio de reintegração.
Pelas mesmas razões, estabelecidas na redacção original e, tendo em conta, os novos cargos estipulados, no n.º 2 e n.º 3, do artigo 26º, foi aplicado, aos respectivos titulares, uma nova forma de pagamento, a qual, consistia na extensão do prazo de liquidação por vários meses - à razão de um quarto do montante mensal do subsídio por cada mês -, da quantia a devolver, relativa ao subsídio de reintegração e, cujo total, correspondia a metade do montante recebido. No que respeita ao aditamento do n.º 4, no artigo 31º, este estabeleceu, para os beneficiários que assumissem ou reassumissem funções que desbloqueassem o acesso à subvenção mensal vitalícia, a obrigação de restituir mensalmente ao Estado, o montante que tivessem recebido a título de subsídio de reintegração, correspondente a um valor não superior a um quarto da subvenção mensal a que tinham direito.
[109] No que respeita ao n.º 2, a sua revogação traduziu-se na eliminação no Estatuto, do direito que os ex-Presidentes da República tinham à subvenção mensal vitalícia, anteriormente estipulado pela Lei base n.º 4/85, ficando deste modo sujeitos ao regime de subvenções estipulado pelo «RRPR».
[110] O n.º 3 do artigo 27º determinava, como instituição pública responsável pelo processamento da subvenção mensal vitalícia, a Caixa Geral de Aposentação. Devido a estas alterações o antigo n.º 2 foi renumerado passando para n.º 4.

Estas alterações têm também um significado importante para o aperfeiçoamento racional e rigoroso da regulação dos direitos remuneratórios dos «TCP» e que manifestaram-se através da introdução de um novo limite de impedimentos na atribuição de direitos remuneratórios, como foi o caso do aditamento do artigo 32º[111] e na revogação do artigo 19º[112], ao eliminar do Estatuto Remuneratório dos Titulares de Cargos Políticos, o direito de opção[113] que os Deputados anteriormente beneficiavam e que criava uma situação de desigualdade salarial entre membros da mesma classe.

Em jeito de conclusão, pode-se afirmar que em resultado da primeira revisão efectuada no «ERTCP» pela Lei n.º 16/87, de 1 de Junho, verificou-se um aumento dos direitos remuneratórios, que iriam sobretudo beneficiar os «DAR», não só, em relação à atribuição do abono mensal para despesas de representação, como na forma de aceder e obter o direito a uma melhor pensão ou reforma.

Em simultâneo, desenvolver-se-ia uma regulação mais rigorosa e racional em relação aos direitos já atribuídos e aos que agora tinham sido melhorados, sobressaindo de entre os critérios de regulação, a imposição do regime de exclusividade aquando do aumento do número de titulares com direito ao abono mensal.

O aumento e simultâneo rigor e racionalidade introduzido na regulação dos direitos remuneratórios e desenvolvidos pela actual revisão, eram reflexo do contexto económico-político-social em que a mesma se inseria, revelando a forma como era aplicada a política salarial e que, tendencialmente, acompanhava e era responsável pela evolução sentida nos vencimentos dos «TCP» no início deste período.

---

[111] Inserido no Capítulo III, no âmbito das disposições transitórias, este artigo criou um novo limite de impedimento aos deputados, por forma, a não poderem auferir, de quaisquer outros direitos e regalias de natureza patrimonial, para além, dos previstos nesta Lei.
[112] Referente ao "Direito de opção", a sua revogação traduziu-se na eliminação do direito em optar pelo vencimento e subsídios, que melhor conviessem aos «DAR» provenientes de cargos públicos. Ficando desta forma, abrangidos somente pelo vencimento do cargo político que exerciam.
[113] Registe-se para esta situação, o facto de mais tarde a Lei de impedimentos dos deputados de 1989 - Lei n.º 98/89, de 29 de Dezembro - também prever o mesmo. Posteriormente, a Lei base n.º 7/93 de 1 de Março, referente ao Estatuto dos Deputados, também estabeleceu a incompatibilidade de funções dos deputados em simultâneo com a função de funcionário do Estado ou de outras pessoas colectivas pública, conforme estipula o artigo 20º, n.º 1, alínea i), o qual, se manteve até à presente revisão do Estatuto dos Deputados.

2.2.2. A 2ª revisão do Estatuto Remuneratório dos Titulares de Cargos Políticos, efectuada pela Lei n.º 102/88

A segunda revisão efectuada no «ERTCP», através da promulgação da Lei n.º 102/88, de 25 de Agosto, reforçaria ainda no final da primeira parte do período em análise, ou seja, no segundo subperíodo situado entre 1988 a 1990, o contínuo e exponencial aumento verificado na evolução dos vencimentos dos «TCP».

Embora pudesse ser também, reflexo do contexto de optimização económico-político-social em que estava inserida, a notória celeridade efectuada na realização da segunda revisão no espaço de um ano após a primeira, fez também transparecer a forma como continuaria a ser desenvolvida a política salarial, cujo objectivo seria determinado no modo como se caracterizaria a própria revisão.

Reportando-nos à revisão em si, verificou-se que a especificidade dos artigos revistos, traduziram-se na sua maior parte, num melhoramento dos direitos remuneratórios, os quais seriam também superiores em relação à revisão anterior, acabando por beneficiar os «TCP».

No entanto, seria, sobretudo, a actualização dos vencimentos que daria a esta revisão[114] um importante papel para a evolução dos vencimentos do «TCP».

Com efeito, a actualização e consequente aumento dos vencimentos para valores exponencialmente superiores, alterariam de forma directa e seriam determinantes para a própria evolução dos vencimentos dos «TCP» registados no final deste primeiro período.

No que respeita aos restantes direitos remuneratórios, introduzidos pela presente revisão no «ERTCP», a sua concretização efectuar-se-ia, através da alteração e revogação de alguns dos artigos introduzidos pela anterior Lei n.º 16/87, de 1 de Junho, e de outros que ainda não tinham sido revistos e estavam contemplados na Lei base n.º 4/85, de 9 de Abril.

Relativamente à forma como foram melhorados os respectivos direitos, estes caracterizar-se-iam, sobretudo, pelo aumento percentual do abono mensal

---

[114] A presente Lei, através do artigo 1º, no âmbito do Regime Remuneratório do Presidente da República, alterou o artigo 1º, inscritos na Lei n.º 26/84, de 31 de Julho, actualizando desta forma o vencimento dos «TCP».

para despesas de representação atribuídos aos «TCP», o que, embora não influenciasse a evolução dos respectivos vencimentos devido à natureza dos mesmos, beneficiariam em muito os «TCP» no modo como poderiam exercer os seus cargos.

Fazendo uma análise concreta da revisão dos artigos inscritos no «ERTCP», os quais, segundo o preceituado, consignado no artigo 4º da presente Lei, correspondiam ao art.º 12º, 13º, 16º e 17º. Estando todos eles, inscritos no regime remuneratório, determinavam para o efeito - exceptuando o art.º 17º-, o aumento percentual de abono mensal para despesas de representação.

Assim é, que no artigo 12º, relativo aos titulares, membros do Governo, nomeadamente os Ministros[115], foi estabelecido um aumento percentual de 5% de abono mensal para despesas de representação, passando desta forma a beneficiarem da mesma percentagem de 40%, que estava atribuída aos Ministro de Estado e dos Negócios Estrangeiros e vice-Primeiro-Ministro.

Do mesmo modo, beneficiariam com esta medida os Secretários de Estado[116] inscritos no artigo 13º, ao ser-lhes aumentado de 30% para 35% o abono mensal para despesas de representação a que têm direito.

O aumento de abono mensal para despesas de representação, abrangeria ainda os titulares inscritos no artigo 16º, mais especificamente os Deputados[117] que exercessem funções inerentes ao cargo, sendo-lhes aumentado

---

[115] Vide alterado o n.º 2, do artigo 12º, referente às "Remunerações dos ministros". Por sua vez, o n.º 3, que estabelecia o montante de abono mensal, correspondente a 35%, a perceber pelos ministros, foi revogado, em consequência da alteração mencionada na análise do n.º 2, e efectuada pela presente Lei.

[116] A segunda alteração incidiu no n.º 2 do artigo 13º, referente às "Remunerações dos secretários de Estado".

[117] No artigo 16º, referente à "Remuneração dos deputados", foi alterado o preceituado dos n.º 2, n.º 3, n.º 4 e n.º 5, os quais, ainda não tinham sofrido qualquer revisão desde a Lei base n.º 4/85. Neste sentido, verificaram-se em todos eles, uma alteração comum, traduzida pelo aumento em 5%, do abono mensal para despesas de representação, relativo à especificidade do cargo suplementar, exercido por direito, pelos respectivos titulares, no âmbito das suas competências. Com efeito, o n.º 2, do artigo 16º, para além de estabelecer, um aumento em 5% do montante de abono mensal para os Vice-Presidentes da «AR», correspondendo agora a 25% do seu vencimento, atribuiu pela primeira vez, o direito ao abono mensal aos membros do Conselho de Administração, estabelecendo um montante correspondente a 25%, do seu vencimento. Por sua vez, a nova redacção do preceituado, consignado n.º 3, estabeleceu também um aumento em 5% do montante de abono mensal, a atribuir aos deputados que fossem presidentes dos grupos parlamentares e secretários da Mesa do parlamento, passando deste modo, a auferirem pelo respectivo abono, de um montante correspondente a 20% do seu vencimento. No que respeita à nova redacção do preceituado, consignado no n.º 4, referente aos vice-presidentes dos grupos parlamentares que tenham um mínimo de 20 deputados e aos vice-presidentes dos grupos parlamentares que tenham mais de 20 (continua na próxima pág.).

em 5% o valor percentual do respectivo abono mensal.

Para além disso, de entre os titulares que pertencem à classe dos Deputados, seria estendido o direito ao abono mensal aos Deputados membros do Conselho de Administração[118], sendo-lhes atribuído uma percentagem de 25% e, aos restantes Deputados[119] que não exercessem qualquer função inerente ao cargo, ser-lhes-ia também atribuído para o efeito, uma percentagem de abono mensal de 10%, desde que exercessem as suas funções em regime de exclusividade.

Por fim, ainda a respeito do melhoramento dos direitos remuneratórios, verificar-se-ia um aumento no montante das ajudas de custo atribuídos aos Deputados[120], inscritos no artigo 17º, o qual se concretizou através da alteração da indexação do valor de ajuda de custos a atribuir aos deputados e pelo aumento do número de dias a que tinham direito às respectivas ajudas de custo.

Ponto 117 (Continuação):

deputados ou fracção superior a dez, beneficiaram também do mesmo aumento percentual, ficando a auferir, todos eles, de um montante de abono mensal correspondente a 15% do seu vencimento. Relativamente ao n.º 5, referente aos deputados, que fossem presidentes das comissões parlamentares permanentes e os vice-secretários da Mesa, a nova redacção estabeleceu também, o mesmo aumento percentual, passando os respectivos titulares, a auferirem de um montante de abono mensal para despesas de representação, correspondente a 15% do seu vencimento.

Importa neste número, fazer também referência à introdução do cargo do vice-secretário da Mesa, o qual, estava anteriormente consignado no n.º 6, aditado pela Lei n.º 16/87, e que, foi revogado pela presente Lei.

Em consequência desta revogação e devido às alterações efectuadas pela presente Lei nos números anteriormente analisados neste estudo, o anterior n.º 7, foi simultaneamente renumerado e alterado no seu preceituado, passando a ser o n.º 6 e, cuja redacção, efectuada pela presente Lei, estabeleceu o direito ao abono mensal para despesas de representação no montante de 10% do respectivo vencimento aos deputados não referidos nos números anteriores, impondo no entanto como condição que, os mesmos, exercessem as suas funções em regime de exclusividade.

[118] Referido no ponto anterior (117) no que diz respeito ao n.º 2 do artigo 16.

[119] Referido no ponto anterior (117) no que diz respeito ao n.º 6 do artigo 16.

[120] As várias alterações efectuaram-se no preceituado, consignado nos vários números que compõem o artigo 17º, referente às "Ajudas de custo", mais concretamente, no n.º 1, n.º 2 e n.º 4, tendo como denominador comum, em todos eles, a alteração na indexação do valor de ajuda de custos a atribuir aos deputados por eles abrangidos. Neste sentido, foi estabelecido no n.º 1, referente aos deputados que residem fora dos Concelhos de Lisboa, Oeiras, Cascais, Loures, Sintra, Vila Franca de Xira, Almada, Seixal, Barreiro e Amadora, uma alteração na origem da indexação do valor das ajudas de custo a atribuir aos respectivos titulares, deixando esta, de estar fixada na categoria A da função pública, para passar, a estar fixada às ajudas de custo atribuídas aos membros do Governo. O mesmo se verificou, no n.º 2, relativo aos deputados residentes nos concelhos nele consignados e anteriormente referidos, e no n.º 4, relativo aos deputados que em missão se desloquem para fora de Lisboa, no país ou no estrangeiro. Ainda neste número, foi estabelecido um aumento na atribuição da ajuda de custo, em mais, um dia por semana aos mesmos titulares, e que, automaticamente se aplicou aos deputados, consignados no n.º 2.

Relativamente às alterações que importa realçar nos restantes números dos artigos revistos, o seu objectivo, não só, foi no sentido de regularizar, introduzindo, substituindo e excluindo determinados critérios que envolvem os direitos atribuídos, como também, se necessário fosse, proceder à sua eliminação por forma a aperfeiçoar o «ERTCP»

Assim, se verificou com a revogação do artigo 18º que, ao eliminar do «ERTCP» o direito às senhas de comissões[121] atribuídos aos «DAR», não só, não permitiu que este mesmo titular fosse duplamente beneficiado no exercício do seu cargo, como conseguiu com a sua eliminação, reequilibrar o «ERTCP» em termos de atribuição de direitos.

No que respeita à introdução ou substituição de determinados procedimentos, eles efectuar-se-iam pela utilização de critérios - tais como, o limite remuneratório - que permitissem contrapor ao elevado melhoramento dos direitos remuneratórios, um efeito mais racional e rigoroso no «ERTCP» de modo a aperfeiçoá-lo e ajustá-lo ao contexto em que estava inserido.

Foi neste sentido que seria aplicado um limite remuneratório[122], por forma a regular o montante máximo remuneratório a perceber pelos «TCP» - exceptuando o Presidente da Assembleia da República -, determinando para o efeito, que os respectivos titulares não podiam a qualquer título, perceber remunerações ilíquidas superiores a 75% do montante equivalente ao somatório do vencimento e abono mensal para despesas de representação do Presidente da República.

Em consequência da imposição do limite remuneratório anteriormente referido, verificar-se-ia no mesmo âmbito, a aplicação do critério de exclusão de determinados direitos remuneratórios[123], tais como, as ajudas de custo, diuturnidades e outros que não poderiam ser incluídos nesse mesmo limite.

---

[121] A presente Lei n.º 102/88, de 25 de Agosto, através do preceituado, consignado no artigo 5º, revogou, o artigo 18º referente às "Senhas de comissões", da Lei base n.º 4/85, de 9 de Abril, devido ao novo preceituado, estipulado no n.º 6, do artigo 16º, no qual, como anteriormente foi referido neste estudo, atribuiu aos respectivos titulares, o direito ao abono mensal para despesas de representação no valor de 10%, do seu vencimento, substituindo-o, deste modo, em termos remuneratórios, da anterior atribuição compensatória, designada por senhas de comissões.

[122] Vide n.º 1, do artigo 3º.

[123] Em consequência do limite remuneratório imposto no anterior número, o n.º 2, do artigo 3º, estabeleceu uma diferenciação na tipologia remuneratória a considerar para efeitos desse mesmo limite, determinando para tal, a exclusão das remunerações adquiridas por simples compensação ou reembolso de despesas realizadas por motivo de serviço.

Em jeito de conclusão, pode-se afirmar que a segunda revisão do «ERTCP», efectuada pela Lei n.º 102/88, de 25 de Agosto, estabeleceu um conjunto de alterações que na sua maior parte caracterizaram-se pelo aumento dos direitos remuneratórios dos «TCP».

Efectivamente, pese embora, em conjunto com o aumento das ajudas de custo, a extensão da atribuição e aumento percentual do abono mensal para despesas de representação pudessem ser importantes seria, sobretudo, a actualização efectuada nos vencimentos dos «TCP», aquela que revelar-se-ia mais importante e determinante para a evolução dos mesmos, por aumentar de forma exponencial os respectivos vencimentos.

Este conjunto de alterações reflectia, não só, o positivo ambiente económico-político-social em que estava inserido, como reforçava a forma continuada do tipo de política salarial que estava a ser aplicada e que, em geral, era sempre para benefício dos «TCP»

2.2.3. A 3ª revisão do Estatuto Remuneratório dos Titulares de Cargos Políticos, efectuada pela Lei n.º 26/95

A terceira revisão do «ERTCP», efectuada pela Lei n.º 26/95, de 18 de Agosto, surgiria já no final do período em análise, num contexto político-económico que, ao contrário do que sucedera na primeira metade do mesmo, encontrava-se numa fase de esmorecimento que caracterizaria também a evolução dos vencimentos dos «TCP».

A acompanhar esta fase de menor fulgor económico, encontrava-se a evolução do Estatuto Remuneratório dos Titulares de Cargos Políticos que através da presente revisão, diminuiria em relação à anterior, o número de alterações dos artigos que beneficiariam os respectivos titulares em termos de direitos remuneratórios.

A presente revisão, traduzir-se-ia assim, por um conjunto de alterações que no seu todo significavam um reequilíbrio na regulação do «ERTCP» em termos de benefício-prejuízo, subjacentes aos direitos atribuídos aos respectivos titulares e, em relação aos quais, não deve deixar de ser descurado também a evolução recente do Regime Jurídico de Incompatibilidades e Impedimentos[124] no final deste

---

[124] No ano em que foi efectuada a presente revisão, seria também efectuada a terceira revisão no «RJII» através da Lei n. 28/95, de 18 de Agosto.

mesmo período.

No que respeita às alterações em si, estas, através do preceituado consignado no artigo 1º da presente Lei, incidiram em cinco dos artigos que integram o «ERTCP», nomeadamente os artigos 1º, 24º, 25º, 27º e 31º. Estando a maior parte deles, com excepção do artigo 1º, abrangidos pelo regime de subvenções.

Importa também salientar que a maior parte dos artigos atrás referidos, nomeadamente os artigos, 24º, 27º e 31º, já tinham sido revistos na primeira revisão efectuada no «ERTCP» pela Lei n.º 16/87, de 1 de Junho.

Neste sentido, importa sobretudo destacar o artigo 1º, referente aos "Titulares de cargos políticos"[125], por ter sido, de entre os artigos revistos, aquele que se traduziu em pleno benefício para os «TCP». Neste caso mais concreto para o Governador e secretários adjuntos de Macau[126] que a partir da sua inclusão pela presente revisão, ficariam abrangidos pelos direitos remuneratórios emanados do «ERTCP».

Relativamente aos restantes artigos, estando os mesmos interligados e correlacionados entre si, e também com o artigo 1º anteriormente analisado, observar-se-ia um equilíbrio na atribuição, substituição, exclusão ou até eliminação de direitos que pudessem ou não, beneficiar os «TCP» e, cuja regulação, aplicada com a introdução de determinados critérios, estão na génese desse mesmo equilíbrio.

Com efeito, em consequência da alteração do artigo 1º, foi também revisto o artigo 24º, referente à "Subvenção mensal vitalícia"[127], integrando no âmbito deste mesmo direito, o titular Governador Macau, secretários adjuntos de Macau e também os Ministros da República para as Regiões Autónomas.

Esta alteração revestia-se de puro benefício em relação aos respectivos titulares pois, mesmo considerando que a integração de ambos os titulares, no âmbito deste direito, possa dever-se a questões de igualdade, a mesma, foi consequência de um processo de puro oportunismo e facilitismo político, ao permitir que determinado titular, neste caso o Governador de Macau e os

---

[125] Refere-se, à primeira alteração efectuada, no âmbito do regime remuneratório, a qual consistiu no aditamento da alínea f) do n.º 2 do artigo 1º, referente aos «TCP» abrangidos pelo Estatuto, estabelecendo para o efeito, a introdução de novos titulares, nomeadamente o Governador e secretários adjuntos de Macau.

[126] Importa referir, que devido ao facto de estes titulares terem ficado integrados no «ERTCP» por um período mínimo, não foram considerados para o efeito como parte integral da análise da evolução dos vencimentos.

[127] Vide, artigo 24º, n.º 1, da Lei n.º 26/95, de 18 de Agosto.

secretários adjuntos de Macau, em vésperas de verem o seu cargo desaparecer, pudessem vir a usufruir no futuro dos direitos inscritos no âmbito das subvenções.

No mesmo preceituado seria, no entanto, reforçada a dificuldade em ter acesso à respectiva subvenção os titulares por ela abrangidos, ao ser aumentado o limite temporário de 8 para 12 anos, observando-se assim, um reequilibrar de medidas que envolveram a atribuição do respectivo direito.

Relativamente ao artigo 25º, referente ao "Cálculo da subvenção mensal vitalícia", pese embora, a introdução do regime de exclusividade[128] como principal critério na forma de cálculo da subvenção - inscrita no n.º 1 -, pudesse limitar o montante a ser atribuído aos «TCP» e, ao mesmo tempo, "atraí-los" de modo a optarem pelo regime de exclusividade, a possibilidade criada com o aditamento do n.º 8, por forma a que os respectivos titulares pudessem usufruir de metade da subvenção em regime de acumulação, revelaria o mesmo reequilibrar de medidas anteriormente observado.

O mesmo se sucederia com a revisão do artigo 31º, referente ao "Subsídio de reintegração".

Com efeito, no mesmo preceituado, inscrito no n.º 1 e alterado pela presente revisão, observar-se-ia, em simultâneo com o benefício de aumento do números de titulares a terem direito ao respectivo subsídio, um agravamento na regulação deste mesmo direito, ao introduzir o regime de exclusividade e estabelecer obrigatoriamente um aumento de 8 para 12 de anos, ao qual, os mesmos titulares tinham de cumprir para poderiam beneficiar do respectivo subsídio enquanto não usufruíssem da subvenção mensal vitalícia.

Por fim, no que respeita à revisão do artigo 27º, referente à "Acumulação de pensões"[129], observar-se-ia uma situação oposta ao verificado nos artigos atrás analisados, ou seja, as medidas de âmbito regulamentar e respectivos critérios, seriam tomadas no sentido de diminuir os privilégios dos «TCP[130]».

Com efeito, embora a alteração no preceituado do n.º 1, tivesse sido efectuada, de modo a tornar mais claro o limite remuneratório imposto anteriormente pela Lei n.º 16/87, de 1 de Junho, - relativo ao montante total a

---

[128] Antes da presente revisão, no n.º 1 do artigo 25º, da Lei n.º 4/85, o critério estabelecido não previa o regime de exclusividade, tendo somente como referência o vencimento correspondente ao cargo em que o titular tivesse permanecido mais tempo.

[129] Vide artigo 27º, n.º 1 e n.º 5, da Lei n.º 26/95, de 18 de Agosto e anteriormente revisto pela Lei n.º 16/87, de 1 de Junho.

[130] Vide artigo 24º, n.º 1, da Lei n.º 26/95, de 18 de Agosto.

perceber da cumulação de pensões, entre as quais a subvenção, pelos titulares com direito às mesmas -, seria introduzido com o aditamento do n.º 5, um limite temporal que definiria a idade a partir do qual, os mesmos «TCP» teriam direito a usufruir da subvenção mensal vitalícia, excluindo, porém, desta medida reguladora, o regime de subvenção por incapacidade.

Pode-se assim concluir, que a terceira revisão do «ERTCP», efectuada pela Lei n.º 26/95, de 18 de Agosto, pese embora, estendesse a atribuição dos direitos remuneratórios a novos titulares, foi no global, efectuada no sentido de aperfeiçoar e reajustar a regulação dos respectivos direitos, denotando através da aplicação dos mesmos, um equilíbrio entre as medidas que beneficiaram e prejudicaram os «TCP».

Este equilíbrio, para além de revelar a diferença existente entre a actual revisão e a anterior, reflectia os efeitos da evolução da conjuntura político-económica em que ambas foram aplicadas na evolução do «ERTCP».

2.3. Evolução do Regime Jurídico de Incompatibilidades e Impedimentos

A segunda metade do período em análise, no qual se verificara até então, na evolução do «ERTCP», um conjunto de revisões que independentemente do contexto em que estavam inseridas eram em geral aplicadas sempre em benefício dos «TCP», fazia supor que em termos de incompatibilidade e impedimentos o respectivo sistema, mais tarde ou mais cedo, deveria ser reformado.

Com este intuito, e de forma a aperfeiçoá-lo e adaptá-lo também ao desenvolvimento de relações complexas inerentes à evolução da Administração Pública, verificadas, quer no seio da sua actividade com as demais entidades públicas, quer com as entidades privadas, surgiria o «RJII», inscrito e promulgado pela Lei base nº 64/93, de 26 de Agosto.

Tendo como objectivo, tornar mais eficaz, coerente e acessível o processo legislativo e, consequentemente mais transparente e ético, o exercício institucional e administrativo desenvolvido pelos «TCP», o «RJII» sofreria várias revisões - sendo a última, efectuada pela Lei Orgânica nº 1/2011, de 30 de Novembro -, das quais se podem considerar umas mais importantes que outras, tendo em conta, o contexto político-económico-social em que se realizaram e os titulares abrangidos para o efeito.

Neste sentido, ao contrário do que sucedeu no «ERTCP», no qual os titulares de cargos políticos são constituídos no seu todo, por representantes dos órgãos de soberania e por representantes de órgãos independentes e consultivos do Estado, o «RJII» foi mais além na sua abrangência, ao considerar ainda como titulares de cargos políticos, os agentes ou entidades da Administração Pública e os representantes do poder local e regional.

Contudo, referir-nos-emos neste estudo, somente aos «TCP» que coincidem e estão abrangidos, quer pelo «ERTCP», quer pelo «RJII», os quais, através das competências inerentes aos cargos que ocupam têm o dever de desenvolver em defesa do interesse público, a melhor gestão possível dos seus activos, por forma a não prejudicar o Estado, nem as entidades privadas.

2.3.1. A Lei base n.º 64/93 do Regime Jurídico de Incompatibilidades e Impedimentos

O Regime Jurídico de Incompatibilidades e Impedimentos, promulgado e estabelecido pela Lei n.º 64/93, de 26 de Agosto, suceder-se-ia à Lei n.º 56/90, de 1 de Março, englobando-a[131].

A sua elaboração caracterizar-se-ia e diferenciar-se-ia pela introdução de novos titulares e, pela junção e criação específica de determinadas normas que, para além de abrangerem um maior número de titulares no interior da orgânica do Estado, incidiam sobre o regular exercício de funções dos «TCP», tornando-se desta forma mais organizado, efectivo e rigoroso.

Com efeito, no que respeita aos artigos aplicados aos «TCP» em estudo, embora continuasse a manter excluídos do regime, os Deputados da Assembleia da República e os Deputados nacionais do Parlamento Europeu[132], o «RJII», nos termos da Lei base, aplicou uma das mais significativas alterações, ao efectuar a separação entre as duas categorias de cargos até então agregados. O mesmo acontecendo de igual modo no tratamento em sede de incompatibilidades.

---

[131] Vide artigo 15º, da Lei n.º 64/93, de 26 de Agosto, no qual, revoga o anterior regime.
[132] Através do preceituado do n.º 2 e n.º 3 do artigo 1º, estabelecendo para o efeito, que os respectivos titulares estariam sujeitos a um regime regulado por Lei especial.

Neste sentido, do elenco composto pelos «TCP[133]», sobressairia do mesmo, e em coincidência com o respectivo «ERTCP», o Presidente da República, Primeiro-Ministro, membros do Governo e o Ministro da República para as Regiões Autónomas.

Por sua vez, ficariam enumerados no artigo[134] seguinte, os Titulares de Altos cargos Públicos ou equiparados.

Em consequência da definição dos «TCP», seriam os artigos 4º, 5º, 8º, 9º, 10º, 12º, 13º e 14º, nos quais ficariam estabelecidas e reguladas no «RJII», as incompatibilidades e impedimentos destes mesmos titulares, também inscritos no «ERTCP».

Com efeito, o artigo 4º, determinaria a obrigatoriedade de exercício dos cargos em regime de exclusividade[135], estabelecendo nos números seguintes[136] a sua regulação, a qual consistia na incompatibilidade de acumulação de cargos, quer fossem públicos ou privados. No entanto, abria uma excepção se fossem respeitados determinados critérios, tais como, o exercício de actividades sem fins lucrativos e as funções ou actividades derivadas do cargo ou por inerência ao mesmo.

Da mesma forma, através do artigo 5º, referente ao regime aplicável após cessação de funções, o «RJII» continuou em matéria de incompatibilidades a definir e a estabelecer critérios, por forma a impedir os «TCP» de poderem usar da sua influência na área em que tinham exercido o seu cargo, aplicando neste caso, um período de tempo – um ano – para o respectivo efeito.

No que respeita, aos artigos 8º e 9º, referentes aos impedimentos aplicáveis a sociedades e à arbitragem e peritagem, ficariam estabelecidos os impedimentos activos e passivos.

No entanto, estes, que anteriormente estavam previstos nos artigos 2º e 3º da Lei n. 9/90, de 1 de Março, posteriormente revista pela Lei 56/90, de 5 de Setembro, seriam aplicados de forma indiferenciada pelas duas categorias de cargos abrangidos pelo regime.

Por sua vez, no artigo 10º, ficariam estabelecidos os critérios de regulação que fiscalizariam as medidas aplicadas em matéria de incompatibilidades e impedimentos aos «TCP» e que, contrariamente ao que

---

[133] Passou a figurar no artigo 2º da Lei base n.º 64/93, de 26 de Agosto do «RJII».
[134] Vide, artigo 3º do «RJII».
[135] Vide artigo 4º, n.º 1, da Lei n.º 64/93, de 26 de Agosto.
[136] Vide artigo 4º, n.º 2 e n.º 3, da Lei n.º 64/93, de 26 de Agosto.

estava anteriormente estabelecido na Lei n.º 56/90, de 5 de Setembro[137], ficaram à responsabilidade do Tribunal Constitucional.

Relativamente aos artigos 12º, 13º e 14º, estes, referiam-se mais especificamente ao "Regime a aplicar", regulando a forma como era iniciado o processo de incumprimento e a definição das medidas sancionatórias, consoante a gravidade do incumprimento das regras estabelecidas no regime que poderiam levar à nulidade ou inibição do cargo, conforme a gravidade do incumprimento.

Em concreto, o «RJII» estabeleceria no n.º 4 do artigo 13º, as sanções previstas a aplicar aos «TCP» e que traduzir-se-iam, pela inibição do exercício do cargo por um período de três anos, se os titulares em causa não cumprissem os impedimentos inscritos no artigo 5º, ou seja, se após a cessação de funções nos respectivos cargos, o limite temporário de 1 ano não fosse cumprido e, os respectivos titulares fossem exercer um cargo em empresas privadas que prosseguissem actividades no sector por eles directamente tutelado, consoante determinadas condições inscritas nas alíneas a) e b) deste mesmo artigo.

Por sua vez, às infracções decorrentes do estabelecido nos artigos 8º e 9º, era aplicada a nulidade dos actos exercidos durante o exercício do cargo, sanção a qual, estava prevista no artigo 14º.

2.3.2. A Lei n.º 28/95 do Regime Jurídico de Incompatibilidades e Impedimentos

A segunda revisão, promulgada pela Lei nº 28/95, de 18 de Agosto, seria efectuada num curto espaço de tempo de dois anos, após ter sido criado o «RJII».

O contexto em que foi aplicada era revelador da urgente necessidade em adaptar e aperfeiçoar a regulação das incompatibilidades e impedimentos, não só, do próprio regime, mas também em relação ao Estatuto Remuneratório dos Titulares de Cargos Políticos que, coincidentemente, seria revisto na mesma data pela terceira vez.

Neste contexto, a presente revisão revelar-se-ia de extrema importância, ao desenvolver um conjunto de alterações, das quais é de salientar o aumento do número de «TCP» a serem abrangidos pelo Regime Jurídico de Incompatibilidades

---

[137] Nesta Lei, a fiscalização das respectivas medidas ficara a cargo da Procuradoria-Geral da República, conforme estava estipulado no artigo 6º.

e Impedimentos e, que já faziam parte do «ERTCP».

Assim, as alterações efectuadas no «RJII» e enunciadas pelo artigo 1° do presente diploma em estudo, incidiriam sobre os artigos 1°, 2°, 4°, 5°, e 8°.

Com efeito, a primeira alteração efectuada no n.º 1 do artigo 1°, referente ao "Âmbito" dos titulares que são abrangidos pelo «RJII», traduziu-se na diferenciação - no universo dos «TCP» - dos Titulares de Órgãos de Soberania em relação aos restantes titulares que representam outros órgãos políticos.

Em consequência desta diferenciação, os Deputados[138] e os Juízes do Tribunal Constitucional[139], como titulares de órgãos de soberania, ficariam, pela primeira vez, também abrangidos pelo «RJII».

Por sua vez, o n.º 2 do artigo 1°, definiria exactamente os restantes Titulares de Cargos Políticos abrangidos pelo «RJII», sofrendo também uma alteração na sua composição com a introdução dos Deputados ao Parlamento Europeu[140].

Em consequência da alteração do artigo 1°, foi efectuada pelo presente diploma uma segunda alteração relativa ao n.º 1 do artigo 4°," referente à "Exclusividade", a qual reafirmou a importância do regime de exclusividade no exercício de funções ao aumentar o âmbito do mesmo, com a introdução dos «DAR» como Titulares de Órgãos de Soberania e, dos Deputados ao Parlamento Europeu como «TCP». Titulares, estes, anteriormente sujeitos, apenas ao Estatuto dos Deputados à Assembleia da República.

Deste modo, tanto os Titulares de Órgãos de Soberania como os Titulares de Cargos Políticos, ambos considerados no seu todo como «TCP» no Estatuto Remuneratório, ficariam sujeitos ao regime de exclusividade.

A terceira alteração, incidiu sobre o artigo 5°, referente ao "Regime aplicável após cessação de funções", no qual alterou o preceituado consignado n.º 1 e aditou o n.º 2.

Sendo também consequência da alteração preconizada no âmbito dos titulares que compõem o Regime Jurídico de Incompatibilidades e Impedimentos, a alteração no n.º 1 do artigo 5°, consistiu na actualização do número de titulares a

---

[138] Em termos de incompatibilidades e impedimentos os deputados estavam unicamente sujeitos ao seu Estatuto.
[139] Vide artigo 27°, do «LTC», no âmbito de incompatibilidades do «JTC».
[140] Os respectivos titulares, já se encontravam sujeitos ao Estatuto dos Deputados ao Parlamento Europeu definido na Lei n.º 144/85, de 31 de Dezembro, no qual, através do n.º 1 do artigo 1°, determinava que as incompatibilidades definidas no artigo 19° do Estatuto dos Deputados estabelecido pela Lei n.º 3/85, de 13 de Maio, não se podiam sobrepor ao mesmo.

serem abrangidos por esta norma e no aumento de um para três anos – contados a partir da data da cessação das respectivas funções -, como período de "nojo" a respeitar, consoante determinados critérios estabelecidos neste mesmo número.

Por sua vez, no n.º 2, foi criada uma excepção à medida aplicada no n.º 1, de modo a ser respeitada e protegida a actividade profissional do ex-titular.

A quarta alteração efectuada pela Lei nº 28/95 no «RJII» - ainda no que respeita aos «TCP» -, incidiu no artigo 8º, referente a "Impedimentos aplicáveis a sociedades", ao alterar a redacção do n.º 1 e do n.º 2, ficando este último, composto por duas alíneas: a alínea a), correspondente ao preceituado anteriormente estabelecido no «RJII» e alterado pelo presente diploma e, a alínea b), aditado pelo presente diploma.

No que respeita à alteração em si, a mesma consistiu no alargamento do âmbito do impedimento anteriormente aplicado, no qual, através da nova redacção do n.º 1, ampliou o respectivo impedimento – empresas, cujo capital, seja detido numa percentagem superior a 10% por um «TCP» ou «TACP», ficam impedidas de participar em concurso de fornecimento de bens ou serviços no exercício de actividade de comércio ou indústria em contratos com o Estado e demais pessoas colectivas públicas...- aplicado aos «TCP», ficando agora circunscrito a toda a administração pública e não, como anteriormente estava estabelecido, circunscrito apenas ao departamento de Administração onde o titular exercia o cargo.

Relativamente à alínea a) do n.º 2, observou-se um alargamento do impedimento, estabelecido no n.º 1, aos familiares directos e indirectos dos «TCP» ou, com alguém com quem os mesmos vivessem, segundo o artigo 2020º do Código Civil.

Suceder-se-ia o mesmo alargamento no preceituado da alínea b), aos «TCP» que por si só, ou conjuntamente e directa ou indirectamente com os seus familiares, conforme o disposto na alínea a), fizessem contratos ou participassem em concursos públicos na situação em que o capital por eles detido nessas empresas fosse igual ou superior a 10%.

Por fim, é de salientar a importância do aditamento do artigo 7º-A, referente ao "Registo de interesses", estabelecido pela presente Lei, através do artigo 2º.

Este novo artigo, através do n.º 1, permitiria contemplar no Regime Jurídico de Incompatibilidades e Impedimentos a obrigatoriedade da elaboração de um "registo de interesses" referente aos «TCP», nos órgãos que tivessem a competência de deliberar e de fiscalizar, nomeadamente a Assembleia da República.

Por sua vez, no n.º 2, explicitava o âmbito da matéria a ser registada, a qual consistia na inscrição, em livro próprio, de todas as actividades exercidas pelos «TCP», susceptíveis de gerarem incompatibilidades ou impedimentos e qualquer actos que pudessem proporcionar proveitos financeiros ou conflitos de interesses.

2.4. Enquadramento legal do Regime Jurídico de Incompatibilidades e Impedimentos com o Estatuto Remuneratório dos Titulares de Cargos Políticos

Integrado no processo de desenvolvimento democrático que se estava a assistir em toda a organização política e administrativa do Estado, a promulgação da Lei n.º 9/90,de 1 de Março, revista posteriormente pela Lei n.º 56/90, de 5 de Setembro, serviram como base de apoio à realização e promulgação do «RJII», o qual iria regimentar todo um conjunto de normas de incompatibilidades e impedimentos aos «TCP» abrangidos pelo Estatuto Remuneratório dos Titulares de Cargos Políticos.

Neste mesmo período, o «ERTCP» viria a ser revisto por três vezes, reflectindo em conjunto com o Regime Jurídico de Incompatibilidades e Impedimentos a dinâmica e o interesse em ser regulado todo o processo relativo ao exercício do cargo e funções dos «TCP», por forma a defender os seus direitos e, em geral, os direitos e interesses do Estado, consagrados na «CRP».

No entanto, subjacente a este processo estava a avaliação do mesmo, o que permitiria aferir, se a política salarial desenvolvida pelos responsáveis políticos era a mais adequada ao contexto em que estava inserida.

2.4.1. As Incompatibilidades e Impedimentos e a Lei n.º 16/87, do Estatuto Remuneratório dos Titulares de Cargos Políticos

Neste sentido, a primeira revisão do «ERTCP», efectuada pela Lei n.º 16/87, de 1 de Junho, introduziu algumas alterações, por forma a regular os direitos remuneratórios no âmbito das incompatibilidades e impedimentos.

A primeira alteração teve como objectivo eliminar a ambiguidade, como anteriormente foi referida neste estudo, existente entre o n.º 1, do artigo 19º do Estatuto dos Deputados e o artigo 19º, referente ao "Direito de opção", inscrito na Lei n.º 4/85 do Estatuto Remuneratório dos Titulares de Cargos Políticos, sendo por esse motivo revogada.

As restantes alterações, verificadas no mesmo âmbito, incidiram nos artigos 16º e 32º do «ERTCP».

Com efeito, no n.º 7, do artigo 16º, foi introduzido o regime de exclusividade pela primeira vez no «ERTCP», por forma a impossibilitar o direito ao abono mensal para despesas de representação aos Deputados que, no exercício do cargo e das funções a ele inerentes, acumulassem outras funções não inerentes ao mesmo.

Por sua vez, no artigo 32º, aditado pela presente Lei no «ERTCP», foi estabelecido um impedimento a aplicar aos Deputados e que consistia na proibição de auferirem de outros direitos e regalias de natureza patrimonial, além dos previstos no «ERTCP»

Estas alterações, que incidiram sobre os «DAR», ao serem introduzidas no «ERTCP», permitiram regularizar e adequar os direitos remuneratórios inerentes ao mesmo, no âmbito das incompatibilidades e impedimentos, os quais, não se encontravam estabelecidos no Estatuto dos Deputados.

Em suma, pode-se constatar que o principal objectivo da revisão efectuada pela Lei n.º 16/87, de 1 de Junho, em termos jurídico-institucionais era, não só, enquadrar legalmente o Estatuto Remuneratório dos Titulares de Cargos Políticos - como se observou com a revogação do artigo 19º - com as incompatibilidades e impedimentos referentes aos seus titulares, - neste caso específico, os «DAR» -, distribuídos pelos diversos Estatutos ou Leis específicas que regiam essas mesmas normas, como também, estabelecer novas incompatibilidades e impedimentos aos direitos remuneratórios dos «TCP», no sentido de complementar e respeitar a Lei Constitucional, como se verificou com a alteração do artigo 16º e aditamento do artigo 32º.

2.4.2. As incompatibilidades e impedimentos e a Lei n.º 102/88 do Estatuto Remuneratório dos Titulares de Cargos Políticos

Praticamente um ano após a primeira revisão, surgiria através da Lei n.º 102/88, 25 de Agosto, a segunda revisão do «ERTCP».

Ainda sujeita à mesma condição conjuntural que caracterizou a anterior, a segunda revisão introduziu, no âmbito de incompatibilidades e impedimentos, uma alteração no artigo 16º, referente às "Remunerações dos deputados" - o qual, já tinha sofrido pela anterior Lei n.º 67/87, de 1 de Junho, uma alteração no mesmo âmbito –, por forma a aperfeiçoar a regulação que atribui o abono mensal.

Com efeito, a alteração efectuar-se-ia com o aditamento do n.º 6, no artigo 16º, no qual ficaria estabelecido como medida de incompatibilidade e impedimento, o regime de exclusividade como condição de acesso ao direito ao abono mensal para os deputados que não exercessem qualquer função inerente ao cargo.

Em simultâneo, retirou o regime de exclusividade como condição de acesso ao abono mensal aos Deputados que exercessem funções inerentes ao cargo, permitindo que estes mesmos Deputados pudessem futuramente, acumular o cargo com outras funções não inerentes ao mesmo e beneficiar do respectivo abono.

Estando subjacente na primeira alteração, a intenção de tentar convencer os Deputados, que não exercessem qualquer função inerente ao cargo, a optarem pelo regime de exclusividade, revelando-se deste modo numa medida que traria mais rigor ao Estatuto Remuneratório dos Titulares de Cargos Políticos, a exclusão da mesma, - anteriormente tinha sido introduzida pela primeira revisão - , em relação aos Deputados que exercessem outras funções inerentes ao cargo que detinham, revela uma ambiguidade e permissividade na forma como devem ser aplicados os critérios de incompatibilidades e impedimentos no «ERTCP» e que, em último caso, tendem sempre a beneficiar os «TCP».

De um modo geral, pode aferir-se que o enquadramento legal preconizado pelas alterações efectuadas na primeira e segunda revisão atrás descritas, embora introduzissem um conjunto de medidas regulatórias, de âmbito das incompatibilidades e impedimentos nos direitos remuneratórios, com o objectivo de limitar ou condicionar a sua atribuição aos respectivos titulares e, assim, tornar o modelo remuneratório mais rigoroso e racional, a sua aplicação revelaria uma ambiguidade e permissividade na atribuição dos respectivos direitos que se estenderia à política salarial desenvolvida, revelando-se bastante benéfica para os «TCP» por aumentar também e de forma exponencial os vencimentos dos respectivos titulares no início deste segundo período.

2.4.3. Relação entre a Lei n.º 28/95 do Regime Jurídico de Incompatibilidades e Impedimentos e a Lei n.º 26/95 do Estatuto Remuneratório dos Titulares de Cargos Políticos

A Lei n.º 9/90, de 1 de Março, referente às incompatibilidades dos cargos políticos e altos cargos públicos, revista no mesmo ano pela Lei n.º 56/90, de 5 de Setembro, tendo embora, como anteriormente foi referido, estabelecido um conjunto de normas de incompatibilidades a alguns dos Titulares de Cargos Políticos[141], a sua aplicação não viria a ter efeito, por ter sido revogada antes de concretizada a futura revisão do actual Estatuto[142], com a promulgação da Lei n.º 64/93, de 26 de Agosto, que instituiu o Regime Jurídico de Incompatibilidades e Impedimentos.

Com efeito, esta mesma Lei, viria a compreender um conjunto de normas que iriam ser estabelecidas e aplicadas aos «TCP», devido à relação jurídica que estava subjacente ao exercício dos cargos destes titulares, no âmbito do «ERTCP».

No entanto, a incidência das respectivas normas, só viriam efectivamente a ser concretizadas no «ERTCP» revisto pela Lei n.º 26/95, de 18 de Agosto, através da segunda revisão efectuada no «RJII», já no final do período em estudo pela Lei n.º 28/95, de 18 de Agosto e, inseridas num contexto em que acabariam por ter um papel fundamental na evolução do próprio Estatuto e, sobretudo, na política salarial e consequente evolução dos vencimentos.

Neste sentido, dos vários artigos alterados pela Lei n.º 28/95, seriam os artigos 1º e 4º, aqueles que iriam ter uma efectiva incidência de modo a permitir que o «ERTCP» ficasse enquadrado com o «RJII».

Com efeito, em resultado da alteração efectuada no artigo 1º - inclusão dos Deputados e consequente aumento do número de «TCP» abrangidos pelo «RJII» -, o regime de exclusividade, inscrito no artigo 4º, tornar-se-ia automaticamente mais abrangente no âmbito do número de titulares.

No seguimento desta revisão, no «ERTCP», seriam efectuadas várias alterações, através da Lei n.º 26/95, de 18 de Agosto, que permitiriam, para além

---

[141] Sobressai no âmbito dos «TCP» inscritos nas referidas Leis, a ausência dos titulares, «DAR», «JTC» e membros do Conselho de Estado, inscritos no «ERTCP».
[142] Vide Lei n.º 102/88, de 25 de Agosto, correspondente à terceira revisão do «ERTCP».

de ficar enquadrado legalmente com o «RJII», que todos os «TCP[143]» que beneficiassem do regime de subvenções ficassem também abrangidos pelo «RJII».

Com efeito, ao introduzir no n.º 1 do artigo 25º do «ERTCP», o regime de exclusividade para efeitos de cálculo da subvenção mensal vitalícia, todos os titulares por ele abrangidos, ficariam também sujeitos à regulação efectuada pelo «RJII».

Do mesmo modo, observar-se-ia o mesmo enquadramento legal na alteração do preceituado consignado no n.º 1 do artigo 31º, referente ao "Subsídio de reintegração".

A introdução e aumento do âmbito do regime de exclusividade e, respectivo enquadramento legal anteriormente descritos, para além de estabelecer uma relação jurídica mais forte entre o «RJII» e o «ERTCP», permitiu constatar a preocupação do Estado em integrar num mesmo regime, todos os instrumentos regulatórios que pudessem conferir em torno das relações público-privadas e no próprio modelo remuneratório, uma maior transparência, rigor, justiça e imparcialidade que, consequentemente, deveriam ser respeitados pela política salarial a aplicar.

Pode-se assim concluir que no período conjuntural em estudo, as alterações efectuadas no Estatuto Remuneratório dos Titulares de Cargos Políticos, através da Lei n.º 26/95, de 18 de Agosto, em simultâneo com a criação do Regime Jurídico de Incompatibilidades e Impedimentos e, consequente enquadramento legal, tinham como objectivo, desenvolver uma relação jurídica que iria permitir, com a introdução de novas normas de incompatibilidades e impedimentos, tornar mais efectivo, rigoroso, racional, justo e abrangente o regulamento dos direitos remuneratórios.

No entanto, a forma pouco coerente como foi aplicado o regime de exclusividade indiciaria também, a forma como seria aplicada a política salarial para esta segunda metade do período em análise, a qual se traduziu, tendo em

---

[143] Importa referir que a revisão efectuada pela Lei n.º 26/95, de 18 de Agosto, ao introduzir o Governador e secretários adjuntos de Macau – este titular já estava abrangido pela Lei n.º 64/93, de 26 de Agosto do «RJII» -, aumentaria também o número de titulares abrangidos pelo «ERTCP» e, neste caso mais concreto, ao direito à subvenção mensal vitalícia e à condição do regime de exclusividade, tal como sucedeu com os restantes titulares com direito à subvenção e subsídio de reintegração.

conta o contexto de fraco crescimento económico em que se inseria, num claro
benefício para os «TCP».

CAPÍTULO III

Evolução remuneratória dos Titulares de Cargos Políticos no período de 1996/2006

A situação político-económica ao longo do período em análise, pese embora num primeiro momento se mantivesse estável, logo seria alterada, deteriorando-se, sobretudo, em consequência do desequilíbrio gerado pelas políticas de investimento público que, direccionadas com excesso em alguns sectores menos produtivos e estruturantes da economia não foram suficientes para colmatar a despesa, resultante das políticas sociais desenvolvidas pelo recente Governo eleito.

Os efeitos reflectir-se-iam através dos resultados negativos dos índices económicos, apresentando em termos de índice do «PIB», uma diminuição bastante acentuada que, em simultâneo com o aumento da dívida pública, resultariam num agravamento do estado da economia e, consequente aumento do risco de financiamento da mesma, colocando em causa o próprio desenvolvimento do país e abrindo deste modo brechas na estabilidade política.

Com efeito, a dívida pública, cujo rácio, em 1996, era de 58,2%, atingiria em 2006, um rácio de 69,4%, ultrapassando o limite[144] imposto pela «UEM[145]».

Este aumento de 11,2%, associado à grave diminuição do «PIB» - cujo rácio diminuiu dos 3,69% para os preocupantes 1,45% -, e à manutenção do valor do défice público ao nível dos 4% para o mesmo período homólogo, foram, para além de factores de pressão do aumento da instabilidade política, reflexo do fraco

---

[144] O limite da dívida pública estabelecido no pacto orçamental da «UEM» é de 60% -. In http://www.eurocid.pt/

[145] Portugal entrou na «UEM» em 1999. http://www.eurocid.pt/.

desenvolvimento estrutural do sector económico e produtivo do país ao longo deste período.

Nem a esperança de um novo fulgor económico alavancada com a entrada na «UEM» e impulsionada pela eleição de um novo Governo[146] em 2002, ao qual se exigia e deveria o mesmo - juntamente com a restante classe política -, corresponder com maior responsabilidade, rigor e transparência na gestão pública, foram factores suficientes para ultrapassar as dificuldades económicas.

O consequente agravamento da instabilidade política que ia instalando-se no país, culminaria com a destituição do respectivo Governo[147] em 2005 e, consequente eleição de um novo Governo de índole maioritária[148].

3.1. Evolução dos vencimentos dos Titulares de Cargos Políticos no período de 1996/06

Diante destes factos, cujos resultados, reflectiram-se na depauperação, quer do erário público, quer em geral nas finanças e economia do país, os mesmos, que exigiam uma maior contenção, não foram tidos em consideração na aplicação da políticas salarial, sobretudo, no que respeita à actualização dos vencimentos dos responsáveis políticos e, neste caso em particular dos «TCP» que, em relação aos beneficiários do Salário Mínimo Nacional e Salário Mínimo da Administração Pública registaram um maior aumento.

Com efeito, como se pode observar na tabela n.º 2-C, para o período em análise, em termos nominais, o vencimento do Presidente da República, cujo montante auferido em 1996, era de 4770 euros (954000$00), seria actualizado em 2006, para um montante correspondente a 7175 euros, verificando-se deste modo um aumento de 2405 euros.

Este valor, que em termos de taxa de variação, corresponderia a um aumento de 50%, estender-se-ia a todos os «TCP», determinando assim, o valor da média da taxa de variação dos respectivo titulares, a qual, embora fosse

---

[146] A demissão do XIV Governo Constitucional liderado pelo PS em 2002, originou a antecipação de eleições legislativas, tendo ganho as mesmas, o novo Governo PSD de Durão Barroso. http://www.portugal.gov.pt/pt/o-governo/arquivo-historico/governos-constitucionais.aspx.
[147] XV e XVI Governo Constitucional de coligação PSD/CDS-PP - Durão Barroso e Santana Lopes. http://www.portugal.gov.pt/pt/o-governo/arquivo-historico/governos-constitucionais.aspx.
[148] XVII Governo Constitucional liderado pelo PS. http://www.portugal.gov.pt/pt/o-governo/arquivo-historico/governos-constitucionais.aspx.

inferior à média registada nos períodos anteriores, como se pode observar na tabela n.º 3-B, seria ainda assim bastante significativa, tendo em conta, a média de aumento registada nos montantes do «SMAP» e «SMN» para igual período.

Com efeito, após uma análise efectuada ao «SMAP», como se pode observar na tabela n.º 2-C, verificou-se que em resultado da diferença dos montantes registados entre 1996 e 2006, cujos valores, eram respectivamente de 261 euros (52200$00) e de 322 euros, o «SMAP» beneficiou de um aumento nominal de 61 euros que corresponderia também, em termos de taxa de variação, a um aumento de 23%.

Por sua vez, em relação ao «SMN», pôde-se constatar que este beneficiou de um aumento nominal de 114 euros, resultante da diferença dos montantes registados entre 1996 e 2006, cujos valores, correspondiam respectivamente a 272 euros (54400$00) e a 386 euros, e que, em termos de taxa de variação, equivaleu a um aumento de 42%.

Verificar-se-ia assim, para este período, que o «SMN» beneficiou de um aumento superior de 19% em relação ao «SMAP», mas inferior em 8% em relação aos «TCP».

Por sua vez, em termos de média da taxa de variação, como se pode observar na tabela n.º 3-B, verificar-se-ia que os aumentos registados nos montantes do «SMN» e «SMAP» corresponderiam a 32%, confirmando-se assim o que anteriormente foi referido, ou seja, que os «TCP», cujo valor registado, foi de 50%, beneficiaram para este período de um aumento médio de vencimento 18% superior em relação ao «SMN» e «SMAP».

No entanto, se para o cálculo da média de aumento dos montantes, referentes aos vencimentos dos «TCP», for incluída a taxa de variação dos Juízes do Tribunal Constitucional, esta diferença diminuiria ligeiramente.

Com efeito, após uma análise à evolução dos vencimentos dos «JTC» para este período, como se pode observar na tabela n.º 2-C, verificou-se que em termos nominais, este titular, cujo vencimento em 1996, era de 4655 euros (931000$00), registou um aumento de 1093 euros, ao atingir em 2006, um montante de 5748 euros de vencimento.

Este aumento, que em termos de taxa de variação correspondeu a 23%, significou, antes de mais, uma enorme descida na evolução do vencimento do «JTC» em relação ao período anterior, como anteriormente foi referido.

Aliás, a maior registada neste estudo, como se pode observar nas tabelas n.º 2 A;B;C e D, a qual, de um aumento anteriormente registado de 565%, sofreria uma redução de 542%, acabando por atingir neste período um valor que à semelhança do registado no montante do «SMAP», foram os que menor aumento registaram.

Assim, confirmar-se-ia o que anteriormente foi referido, ou seja, mesmo tendo em consideração o valor médio do aumento dos montantes dos «JTC» para o cálculo da média de aumento nos montantes de vencimento dos «TCP», como se pode observar na tabela n.º 3-A, esta, não sofreria uma redução significativa, diminuindo só em 4%, ou seja, reduziria a diferença, em relação à média de aumento dos montantes do «SMN» e «SMAP», de 18% para 14%.

Por fim, o superior aumento médio verificado nos vencimentos dos «TCP» em relação ao «SMN» e «SMAP», contribuiria significativamente para o aumento do valor da média da diferença salarial e consequente disparidade salarial, as quais já vinham a registar um aumento desde o período anterior.

Com efeito, como se pode observar na tabela n.º 4, a média da diferença salarial dos vencimentos dos «TCP[149]», cujo valor, era 1130% superior ao «SMN» e «SMAP» em 1996, registaria um aumento de 163%, acabando por atingir no final deste período os 1293%, que seria também o maior valor alguma vez registado em todos os períodos.

O estudo atrás desenvolvido permite, deste modo, afirmar com total certeza de quão foi exagerado o aumento dos vencimentos atribuídos aos «TCP» neste período, demonstrando para o efeito, que embora tenha sido inferior ao registado no período anterior, não deixou, mesmo assim, de revelar em benefício dos «TCP», a aplicação da política salarial até aqui desenvolvida quer, em relação ao «SMN» quer, sobretudo, em relação ao «SMAP».

Este, por ter o Estado como mesma entidade patronal e revelar desde o período anterior uma diminuição mais acentuada na evolução do respectivo salário em relação ao vencimento dos «TCP», é prova e reflecte a desigualdade de critérios[150] utilizados na aplicação da respectiva política salarial e que, em consequência disso, compromete em simultâneo a convergência salarial que deveria ser respeitada em relação ao «SMN».

---

[149] Sem incluir os «JTC»
[150] Critérios que devem respeitar os princípios constitucionais, tais como a proporcionalidade, harmonia salarial, igualdade, equidade e justa distribuição da riqueza.

Assim, num contexto caracterizado pelos fracos índices económico-financeiros e pelo agravamento da instabilidade política na segunda metade deste período, - os quais deveriam ser factores decisivos na orientação e aplicação de uma política salarial mais justa ou que demovessem qualquer medida em sentido oposto por forma a inverter o aumento na evolução dos vencimentos dos «TCP» no período em análise -, pese embora, se tenha verificado uma diminuição brusca na evolução dos vencimentos dos «TCP», a mesma, continuou a registar um significativo aumento nos vencimentos, o qual vinha a verificar-se desde o período anterior, mantendo-se assim, não só, superior à evolução dos montantes do «SMN» e «SMAP», como a agravar a diferença salarial em relação aos mesmos.

3.2. Evolução do Estatuto Remuneratório dos Titulares de Cargos Políticos

Inserida num contexto de lenta mas progressiva instabilidade político-económica, a evolução do «ERTCP» demoraria seis anos até sofrer uma nova revisão que seria efectuada pela Lei n.º 3/2001.

Sendo certo, que as alterações efectuadas pela anterior revisão e consequente enquadramento legal, com o então recentemente criado «RJII», possam ter adaptado o «ERTCP» às novas e variadas situações de previsibilidade que pudessem surgir num futuro próximo, o agravamento do contexto político-económico que entretanto evoluíra de forma célere, depressa alteraria o ambiente de previsibilidade, exigindo da parte dos responsáveis políticos uma atitude mais célere e responsável que permitisse, quanto antes, rever o «ERTCP» por forma a mantê-lo actualizado.

Não se verificando o caso, a sexta revisão só surgiria num contexto que embora fosse de optimismo, devido à entrada de Portugal na «UEM», era também de plena crise política e de fraco crescimento económico.

A demora na sua realização exigia e deveria prever um conjunto de alterações por forma a adequar-se ao contexto em que estava inserida e que fizesse transparecer de forma imparcial, rigorosa e racional a feitura do «ERTCP».

3.2.1. A 4ª revisão do Estatuto Remuneratório dos Titulares de Cargos Políticos, efectuada pela Lei n.º 3/2001

No entanto, aquela que iria ser a quarta revisão efectuada no «ERTCP», através da Lei n.º 3/2001, de 23 de Fevereiro de 2001[151], implementaria um conjunto de alterações que na sua grande parte, não iriam corresponder ao que supostamente deveria ser aconselhável, tendo em conta, o contexto em que estava inserida, pelo contrário, iriam, sobretudo, beneficiar os «TCP», coincidindo na sua maior parte com a exclusão do regime de exclusividade.

A presente revisão, seria assim efectuada, através do artigo 2º da presente Lei, cujo preceituado, determinou como artigos a rever[152] o 1º; 16º; 25º e o 31º, sendo que os dois primeiros estavam inseridos no regime remuneratório e os restantes no regime de subvenções.

De entre estes, só o artigo 1º é que não beneficiaria os «TCP», nem teria qualquer influência que permitisse de algum modo aperfeiçoar o «ERTCP».

Com efeito, correspondendo também à primeira alteração efectuada, a mesma, incidiu na alínea f), inscrita no n.º 2 do artigo 1º, referente aos "Titulares de cargos políticos" abrangidos pelo Estatuto, revogando-a e, por conseguinte, eliminando do «ERTCP» o Governador e secretários adjuntos de Macau[153].

Por sua vez, as alterações que beneficiariam os «TCP», verificar-se-iam nos artigos 16º, 25º e 31º.

Relativamente ao artigo 16º, referente às "Remunerações dos deputados", a alteração incidiu sobre o n.º 6, no qual, embora se mantivesse inalterado o montante do abono mensal, correspondente a 10% do vencimento dos respectivos titulares, seria substituída a cláusula de regime de exclusividade, ambos estipulados pela Lei n.º 102/88, pela declaração de registo de interesses, aos Deputados que não estivessem abrangidos pelo regime de acumulação, de modo a provarem que não exerciam regularmente qualquer actividade económica remunerada ou de natureza liberal, sendo-lhes assim permitido o acesso ao abono

---

[151] Reviu em simultâneo pela quinta vez o Estatuto dos Deputados.
[152] O artigo 1º, já tinha sido revisto uma vez, pela Lei n.º 26/95, de 18 de Agosto; o artigo 16º, revisto por duas vezes, pelas Leis n.º 16/87, de 1 de Junho e 102/88, de 25 de Agosto; o artigo 25º, revisto uma vez, pela Lei n.º 26/95, de 18 de Agosto; o artigo 31º, revisto por duas vezes, pelas Leis n.º 16/87, de 1 de Junho e 26/95, de 18 de Agosto.
[153] O artigo 1º, da Lei n.º 26/95, de 18 de Agosto – introduziu os titulares Governador e secretários adjuntos de Macau. A revisão deste artigo sucede do facto, de o cargo de Governador e dos secretários adjuntos de Macau terem sido extintos, como consequência da passagem administrativa do território de Macau para a República Popular da China, em 1997.

mensal.

No que respeita ao artigo 25°, referente ao "Cálculo da subvenção mensal vitalícia", seria estabelecido uma nova redacção no n.º 1.

Este, que anteriormente fora revisto pela Lei n.º 26/95, reestabeleceria os mesmos critérios para o cálculo da subvenção, determinados pela Lei base n.º 4/85, ou seja, eliminou o regime de exclusividade, como critério a respeitar para efeitos de cálculo da subvenção, substituindo-o pelo período em que o titular tivesse permanecido mais tempo no exercício do cargo, mantendo de resto a mesma percentagem de valor para efeitos de cálculo.

Ainda no mesmo artigo, seria revogado o n.º 8, anteriormente aditado pela Lei n.º 26/95, o qual estabelecia que os titulares consignados no n.º 1 do artigo 24°, nomeadamente os membros do Governo, os Deputados, os Ministros da República, o Governador e secretários adjuntos de Macau e os Juízes do Tribunal Constitucional que não fossem magistrados de carreira, poderiam ter direito à subvenção mensal vitalícia, no caso de exercerem funções em regime de acumulação, auferindo para o efeito, de um máximo de 50% do montante auferido pelos mesmos titulares que não acumulassem cargos.

A revogação do n.º 8, surgiria em consequência da alteração do n.º 1, tornando assim possível, aos titulares que acumulassem cargos, o acesso ao superior montante de subvenção mensal vitalícia que era atribuído aos titulares que exercessem funções em regime de exclusividade.

No que respeita à última alteração que beneficiou os «TCP» pela presente Lei n.º 3/2001, de 23 de Fevereiro de 2001, a mesma, consistiu na nova redacção do preceituado consignado no n.º 1, do artigo 31°, referente ao "Subsídio de reintegração".

Anteriormente estabelecido pela Lei n.º 26/95, o novo preceituado retirou o regime de exclusividade, como condição de acesso, aos titulares[154] que quisessem beneficiar do subsídio de reintegração, mantendo de resto o período de tempo limite pelo qual tinham direito a aceder ao respectivo subsídio. Esta alteração permitia assim que os titulares que acumulassem o cargo tivessem novamente direito ao subsídio de reintegração

Mediante a análise à quarta revisão no «ERTCP», pode-se concluir que as alterações efectuadas, foram no sentido de beneficiar os «TCP», através do

---

[154] Refere-se aos titulares consignados no n.º 1, do artigo 24° da presente Lei do «ERTCP».

enfraquecimento da regulação dos direitos remuneratórios, evidenciado pela eliminação do regime de exclusividade.

Em resultado deste benefício e, tendo em conta, o contexto político-económico em que foi aplicado, a presente revisão revelaria também, conjuntamente com o aumento exponencial que vinha a verificar-se nos vencimentos, a forma imprudente e parcial desenvolvida pela política salarial.

3.2.2. A 5ª revisão do Estatuto Remuneratório dos Titulares de Cargos Políticos, efectuada pela Lei n.º 52-A/2005

O contínuo aumento da instabilidade político-económica que caracterizaria o final deste período, seria também o contexto no qual se inseria a presente revisão.

Com efeito, volvidos quatro anos, a quinta revisão efectuaria um conjunto de alterações que ao contrário da anterior, permitiram adequar o «ERTCP» ao contexto em que estava inserido, diminuindo ou eliminando para isso, vários dos direitos remuneratórios que se poderiam considerar exageradamente atribuídos e descontextualizados, face à realidade económico-social que o país atravessava.

À semelhança das leis anteriormente descritas neste estudo que, no seu conjunto, contribuíram para a evolução do Estatuto, a quinta revisão efectuada, através do artigo 1º da Lei n.º 52-A/2005, de 10 de Outubro, alteraria, desta forma, vários dos artigos que compõem o regime remuneratório, nomeadamente os artigos 1º, 17º, 21º e 22º e, revogaria ainda neste regime, o n.º 2 do artigo 20º, através do artigo 6º, referente à "Norma revogatória".

Este artigo revogaria também, mas no âmbito do regime de subvenções, vários dos artigos que o compõem, nomeadamente os artigos 24º; 25º; 26º; 27º; 28º; 30º e 31º.

Por fim, ainda seria revogado pela mesma norma o artigo 33º, referente à "Produção de efeitos", que seria apenas uma revisão de âmbito formal.

Deste modo, importa antes de mais referir que o primeiro dos dois artigos revistos que determinaram a diminuição dos direitos dos «TCP», no âmbito do regime remuneratório, foi o artigo 17º, referente às "ajudas de custo"[155] atribuídas aos Deputados.

---

[155] Este artigo, já tinha sido revisto uma vez pela Lei n.º 102/88, de 25 de Agosto.

Mais especificamente, as alterações incidiriam no n.º 1 e no n.º 2, alterando os respectivos preceituados de modo a diminuir para um terço o valor de ajudas de custo dos Deputados que vivessem no concelho de Odivelas.

Relativamente ao segundo, o mesmo, deveu-se à revogação do n.º 2 do artigo 20º, efectuado através da norma revogatória estabelecida no artigo 6º da presente Lei, determinando para o efeito, a eliminação do direito de opção pelo melhor regime fiscal que estava atribuído aos Deputados que fossem funcionários do Estado ou de outras pessoas colectivas públicas.

Como consequência desta revogação, os Deputados que fossem funcionários do Estado ou de outras pessoas colectivas públicas, ficaram abrangidos pelo mesmo regime fiscal, atribuído aos restantes titulares do Estatuto, previstos no n.º 1 do mesmo artigo.

Relativamente à revisão dos restantes artigos que determinaram a diminuição dos direitos remuneratórios dos «TCP», a mesma, sucedeu-se com a eliminação de todo o regime de subvenções, à excepção do artigo 29º, referente à atribuição da "Subvenção em caso de incapacidade" aos titulares inscritos no Estatuto.

Com efeito, a revogação do artigo 24º, referente à "Subvenção mensal vitalícia"[156] e, consequentemente todos os artigos directamente ligados à respectiva subvenção foram eliminados do Estatuto, nomeadamente o artigo 25º, referente ao "Cálculo da subvenção mensal vitalícia", o artigo 26º, referente à "suspensão da subvenção mensal vitalícia", o artigo 27º, referente à "Acumulação de pensões", o artigo 28º, referente à "Transmissão do direito à subvenção", o artigo 30º, referente à "Subvenção de sobrevivência", atribuída aos familiares - cônjuge sobrevivo, descendentes menores ou incapazes e aos descentes a seu cargo - dos respectivos titulares e ainda, o artigo 31º, referente ao "Subsídio de reintegração"[157], no qual atribuía para os titulares em causa[158] o respectivo subsídio, no caso de não cumprirem os anos necessários por forma a obterem o acesso à subvenção mensal vitalícia.

---

[156] A respectiva subvenção estava atribuída aos titulares consignados, no n.º 1 e n.º 3, do artigo 24º, desde a promulgação da Lei base n.º 4/85, ou seja, os membros do Governo, os «MRRA», os «DAR», os «JTC» que não fossem magistrados de carreira e ainda os ex-Primeiro-Ministros e ex-Presidentes da Assembleia da República.

[157] A revogação deste artigo sucedeu-se, após ter sido revisto por três vezes ao longo da evolução do «ERTCP» pelas Leis n.º 16/87; n.º 26/95 e n.º 3/2001, as quais, de uma forma geral foram limitando, restringindo e diminuindo, quer o acesso ao subsídio, quer os montantes correspondentes ao mesmo, acabando por ser eliminado do Estatuto.

[158] Vide artigo 24º, n.º 1 do «ERTCP».

No entanto, ficaria também estabelecido neste âmbito, através do artigo 8º, referente ao "Regime transitório", pela presente Lei, a salvaguarda dos respectivos direitos atrás enunciados aos «TCP» que até à data da promulgação da mesma reuniam as condições para a sua atribuição.

Por fim, seriam também alterados alguns artigos, nos quais não se observaria uma relação directa com a eliminação, diminuição ou aumento de direitos remuneratórios, como foi o caso dos artigos 1º; 21º e 22º, integrados no regime remuneratório.

Com efeito, em relação à alteração efectuada no artigo 1º, referente aos "Titulares de cargos Políticos" [159], a mesma, incidiu no n.º 2, ao estabelecer uma nova redacção na alínea d), que determinava para o efeito, a substituição da anterior designação do titular, "Ministro da República para as Regiões Autónomas", pela nova designação, "Representantes da República nas Regiões Autónomas"[160].

Em consequência desta alteração, os artigos 21º e 22º, do capítulo VII, referente aos "Representantes da República nas Regiões Autónomas", foram também alterados de modo a ficarem actualizados pela nova designação atribuída a este titular.

Em suma, pode-se afirmar que a quinta revisão do «ERTCP», efectuada pela Lei n.º 52–A/2005, ao eliminar e diminuir um conjunto de direitos remuneratórios, dos quais sobressai a exclusão de quase todos os artigos que compõem o regime de subvenções, foi de encontro ou correspondeu às exigências reveladas por um contexto que galopantemente se ia deteriorando economicamente.

Não só por motivos económicos, mas também por razões de igualdade na distribuição de direitos, a presente revisão adequaria desta forma, o «ERTCP» ao contexto em que estava inserido e revelaria a forma imparcial, rigorosa e racional de como as medidas tinham sido aplicadas.

---

[159] Este artigo já tinha sido revisto duas vezes, através da Lei n.º 26/95, de 18 de Agosto e da Lei n.º 3/2001, e anteriormente analisado neste estudo.
[160] Importa também referir, que esta nova designação seria mais tarde introduzida no «RJII», através da revisão efectuada pela Lei n.º 30/2008, de 10 de Julho.

3.3. Evolução do Regime Jurídico de Incompatibilidades e Impedimentos

O súbito e considerável melhoramento da situação político-económica do país que caracterizaria o início da primeira metade do período em análise, seria acompanhado no mesmo sentido pela evolução do «RJII» através da contínua reformulação e aperfeiçoamento dos critérios de regulação das incompatibilidades e impedimentos, efectuadas em tão curto espaço de tempo, pelas sucessivas revisões.

Não obstante, o facto da evolução dos vencimentos dos «TCP» manter uma trajectória de contínuo crescimento, a súbita revisão, efectuada pela Lei nº 42/96, de 31 de Agosto, neste início de período, era espelho e revelava a urgente preocupação em continuar a aperfeiçoar e adaptar o «RJII» a contextos cada vez mais imprevisíveis e voláteis.

3.3.1. A Lei n.º 42/96 do Regime Jurídico de Incompatibilidades e Impedimentos

De tal modo foi, que a quarta revisão do «RJII», efectuada pela Lei nº 42/96, de 31 de Agosto, caracterizar-se-ia por um conjunto de alterações e aditamentos de artigos que definiriam as medidas a aplicar a eventuais situações que poderiam criar conflitualidade de interesses no exercício do cargo dos «TCP».

Com efeito, através do artigo 1º, a presente Lei, aditaria o artigo 9º - A[161], referente às "Actividades anteriores" exercidas pelos «TCP», impondo para tal, no n.º 1, um limite temporal e, determinados e específicos impedimentos aos quais os «TCP» tinham de respeitar.

Em consequência do aditamento do artigo 9º - A, a presente Lei, através do artigo 2º, efectuou duas alterações com o objectivo de fiscalizar e sancionar os

---

[161] O aditamento do artigo 9º - A, estabeleceu no n.º 1, o limite de período de tempo, correspondente aos últimos de três anos antes da investidura do cargo, aos «TCP» que tivessem detido um valor percentual de capital superior a 10%, numa qualquer empresa ou tivessem integrado corpos sociais de quaisquer pessoas colectivas de fins lucrativos, por forma, a impedir que interviessem em concursos, contratações ou em quaisquer outros procedimentos administrativos, dos quais poderiam sair beneficiados. Por sua vez o n.º 2, criou uma excepção ao impedimento estabelecido no n.º 1, ao estabelecer que o mesmo não seria aplicável nos casos, em que, a participação dos «TCP» em corpos sociais de quaisquer pessoas colectivas, tenha ocorrido por designação do Estado ou de outra pessoa colectiva pública.

«TCP» que não respeitassem, quer o limite, quer os impedimentos previstos no artigo 9ª – A.

A primeira alteração incidiu no n.º 3 do artigo 10º, ao incluir os titulares previstos no artigo 9º - A, por forma a ficarem abrangidos pelas medidas de fiscalização e respectivas sanções estipuladas nas alíneas a) e b).

Pela mesma razão, a segunda alteração efectuou-se no artigo 14º, determinando para o efeito, a nulidade dos actos praticados aos «TCP» decorrentes da infracção do limite ou impedimento estabelecido pelo artigo 9º - A.

3.4. Enquadramento legal do Regime Jurídico de Incompatibilidades e Impedimentos com o Estatuto Remuneratório dos Titulares de Cargos Políticos

Inserido num contexto semelhante à última revisão efectuada em simultâneo no «ERTCP» e no «RJII» no ano anterior, para este terceiro período, não se observaria um acompanhamento tão intensivo entre a evolução do «RJII» e do «ERTCP», devido ao facto de ambas as revisões terem sido efectuadas com uma diferença de 5 anos.

Durante este hiato de tempo, e mesmo quando fosse efectuada a revisão do «ERTCP» e respectivo enquadramento legal, a regulação dos direitos remuneratórios tornar-se-ia menos efectiva e diminuiria a eficácia necessária para desenvolver e aplicar a respectiva regulação, sobretudo, em contextos que fossem diferentes àquele, para o qual se tinha adaptado.

3.4.1 A Lei n.º 42/96 do Regime Jurídico de Incompatibilidades e Impedimentos e a Lei n.º 3/2001 do Estatuto Remuneratório dos Titulares de Cargos Políticos

Com efeito, a Lei n.º 42/96,de 31 de Agosto que efectuou a quarta revisão[162] do «RJII», embora tenha com a introdução do artigo 9º - A, referente as "Actividade anteriores", contribuído significativamente para a transparência e

---

[162] Foi revisto por duas vezes, sofrendo desta forma, a terceira e quarta revisão, efectuadas com a promulgação das Leis n.º 12/96, de 18 de Abril e n.º 42/96, de 31 de Agosto. No entanto, como a alteração efectuada pela Lei n.º 12/96, de 18 de Abril só se referia às incompatibilidades e impedimentos dos titulares de altos cargos públicos, não teria assim qualquer efeito no enquadramento legal com o «ERTCP».

consequente democraticidade do Estado num período conjuntural no qual era necessário desenvolver todo o tipo de instrumentos legais que pudessem evitar a promiscuidade ou situações que levassem à suspeitabilidade das relações público-privadas e que, impreterivelmente estavam associados os representantes políticos, não teria qualquer influência, em termos de relação jurídica, de forma a poder interferir nas normas regulatórias dos direitos remuneratórios ou que obrigasse à alteração dos mesmos.

Da mesma forma, também não se verificaria na mesma altura, qualquer revisão no «ERTCP» que pudesse de alguma forma implementar medidas regulatórias que fossem de encontro aos impedimentos estabelecidos pelo artigo 9º - A do «RJII»

Foi só mais tarde e numa fase mais problemática do período conjuntural em estudo que efectivamente verificar-se-iam, no âmbito das incompatibilidades e impedimentos, novas alterações que acabariam por ter influência directa nos direitos remuneratórios, enquadrando desta forma o «ERTCP» ao «RJII».

Com efeito, seria através da Lei n.º 3/2001, de 23 de Fevereiro[163], - reviu o «ERTCP» pela primeira vez neste período conjuntural -, que observar-se-ia o respectivo enquadramento legal, o qual seria efectuado, através da alteração de diversos artigos que estão intrinsecamente relacionados com o artigo n. º4[164] do «RJII», nomeadamente os artigos 16º; 25º; 31º, eliminando, para tal, o regime de exclusividade da regulação dos direitos remuneratórios consignados nos mesmos.

No que respeita ao artigo 16º, referente à "Remuneração dos deputados[165], observar-se-ia o respectivo enquadramento, com a substituição do regime de exclusividade, estabelecido no n.º 6, pela declaração obrigatória do registo de interesses, que os deputados que não exercessem funções inerentes ao cargo, seriam obrigados a fazer por forma a terem acesso ao direito ao abono mensal. Declaração a qual, seria posteriormente enviada para o Tribunal Constitucional por forma a ser fiscalizada e comprovada a inexistência do exercício regular de qualquer actividade económica, remunerada ou de natureza liberal.

---

[163] A respectiva Lei, corresponde à quarta revisão do «ERTCP».
[164] Este artigo fora pela última vez revisto pela Lei n.º 28/95, de 18 de Agosto.
[165] O regime de exclusividade foi introduzido neste artigo do «ERTCP» pela Lei n.º 102/88, de 25 de Agosto.

O mesmo se sucedeu com o artigo 25°, referente ao "Cálculo de subvenção mensal vitalícia", e o artigo 31°, referente ao "Subsídio de reintegração", nos quais, foi também eliminado o regime de exclusividade como critério necessário para os «TCP» puderem obter um maior montante da respectiva subvenção e puderem ter direito ao subsídio de reintegração.

Pode-se assim afirmar, que neste período em análise, após a ausência de medidas de regulação dos direitos remuneratórios, resultantes da excessiva demora até ser efectuada a revisão do «ERTCP», através da Lei n.º 3/2001, de 23 de Fevereiro, observar-se-ia em resultado desta mesma revisão, a eliminação do regime de exclusividade em determinados direitos dos «TCP» e sequente enquadramento legal com o «RJII», revisto pela Lei n.º 42/96, de 31 de Agosto.

Efectuada num contexto adverso a tais medidas, às quais está implícita a desregulação dos direitos remuneratórios, sobressai da sua elaboração, o claro benefício em favor dos «TCP» e que, conjuntamente com o aumento exponencial dos vencimentos, revelam de uma forma geral a continuidade de uma política salarial assente em medidas pouco transparentes, pouco racionais e de falta de rigor.

CAPÍTULO IV

Evolução Remuneratória dos Titulares de Cargos Políticos no período de 2006/2012

Na sequência da instabilidade político-económica que dominou, sobretudo, a segunda parte do período anterior, tornava-se fundamental estabelecer um novo rumo político que implementasse e desenvolvesse novas estratégias por forma a criar as condições necessárias que permitissem inverter a tendência negativa da evolução económica registada no país.

Foi deste modo, que o novo Governo maioritário[166] - surgido das eleições legislativas realizadas em 2005, ou seja, no final do anterior período -, confrontado com os fracos índices económicos, conseguiu após o seu primeiro ano de mandato, em 2006, aumentar ainda que de forma ténue, o rácio do «PIB» de 0,78% para 1,45%, diminuir o défice público de 6,5% para 4,6% e, em simultâneo, travar o abrupto aumento da dívida pública, verificado nos dois anos anteriores, através do registo de um aumento de apenas 1,1%, atingindo deste modo os 62,5%.

A aposta no investimento público e em políticas de desenvolvimento nos diversos sectores estratégicos do Estado que supostamente, como principais medidas de crescimento, deveriam dinamizar a economia, acabariam, contudo, por se tornarem nefastas para as finanças do país, devido sobretudo, à grave crise financeira mundial surgida em 2007.

A falta de liquidez no sistema financeiro mundial, repercutir-se-ia sobretudo na Europa, atingindo um grupo de Estados mais débeis

---

[166] XVII Governo Constitucional liderado pelo PS. http://www.portugal.gov.pt/pt/o-governo/arquivo-historico/governos-constitucionais.aspx

- denominados de «PIIGS[167]» - pertencentes à «UEM» e dependentes do respectivo sistema.

Não sendo excepção e estando Portugal incluído no respectivo grupo, a sua condição económica e financeira agravar-se-ia substancialmente, traduzindo-se numa contínua acumulação de registos negativos dos índices económicos e, dos quais, o elevado rácio de 83,2% da dívida pública, de 10,2% do défice público e do rácio de -2,91% do «PIB», registados em 2009, provocariam em seguida uma recessão profunda no país.

Como consequência da recessão, a ameaça de saída de Portugal do mercado financeiro em 2011, agudizou a instabilidade política que acabaria por culminar com a demissão do Governo minoritário em exercício e, consequente eleição de um novo Governo de coligação maioritária[168], sem antes ser obrigado a assinar um programa de ajuda financeira.

Através do programa de ajuda financeira[169], liderado pelo «FMI» e pela «UEM», o recente Governo eleito responsabilizou-se pela implementação de uma estratégia que, assente em políticas de austeridade, tinham como objectivo, inverter a tendência negativa dos índices económicos e consequentemente tirar o país da recessão de forma a permitir a sua reentrada no mercado financeiro.

No entanto, a aplicação destas políticas em termos de resultados económicos só tiveram efeito positivo no rácio do défice público[170], em 2012, reduzindo o seu valor para 6,5%. Agravando-se de resto, quer em relação ao «PIB», o qual aumentou para um valor negativo de -3,17%, quer em relação ao valor do rácio da dívida pública o qual aumentou de forma exponencial para os 124,1%, repercutindo-se deste modo de forma recessiva, grave e alarmante no plano social e do qual, o elevado índice de desemprego e de emigração são prova disso.

---

[167] Refere-se a um conjunto países, nomeadamente Portugal, Irlanda, Itália, Grécia e Espanha, representativos da crise das dívidas soberanas existentes no euro.
[168] XIX Governo Constitucional liderado pelo PSD em coligação com o CDS-PP, eleito através das eleições legislativas antecipadas de 2011. http://www.portugal.gov.pt/pt/o-governo/arquivo-historico/governos-constitucionais.aspx.
[169] A assistência *"...destina-se a apoiar um programa de políticas para restaurar a confiança e permitir o regresso da economia a um crescimento sustentável, preservando a estabilidade financeira em Portugal, na zona euro e na UE."*. http://ec.europa.eu/portugal/temas/ajuda_economica_portugal/index_pt.htm
[170] O défice público deve manter-se abaixo dos 3%, limite este, imposto pela UEM. In http://ec.europa.eu/portugal/temas/ajuda_economica_portugal/index_pt.htm

4.1. Evolução dos vencimentos dos Titulares de Cargos Políticos no período de 2006/2012

Foi neste contexto que a evolução dos vencimentos dos «TCP» atingiria o seu montante mais elevado[171] a meio do período, mais precisamente em 2009, no entanto, como consequência da crise, acabaria no final do período em estudo por sofrer uma redução em resultado dos cortes efectuados nos vencimentos dos respectivos titulares.

A introdução dos cortes e consequente queda da evolução dos vencimentos dos «TCP» deveria determinar e porventura reforçar, se a média da diferença salarial dos vencimentos dos «TCP» em relação ao «SMN» e «SMAP» se manteria, pelo menos com o mesmo valor ou, se pelo contrário, diminuiria para valores que condissessem com a actual situação do país, à semelhança do que aconteceu no primeiro período, tendo em conta, que a situação de crise à qual o país chegou é, na sua grande parte, da responsabilidade da classe política.

Assim, após uma análise[172] efectuada à evolução dos vencimentos dos «TCP» para este período, como se pode observar na tabela n.º 2-D, verificou-se que em termos nominais, o vencimento do Presidente da República, cujo montante, em 2006, correspondia a 7175 euros, registou em três anos, um aumento nominal de 455 euros, ao atingir um montante de 7630 euros[173] em 2009.

No entanto, em consequência do corte[174] de -14.5%, o respectivo vencimento seria nos anos seguintes gradualmente reduzido em 1107 euros, acabando por registar em 2012, um montante de 6523 euros.

Verificar-se-ia assim, uma oscilação na evolução do vencimento do «PR» e, por conseguinte, nos vencimentos dos «TCP[175]» que, em termos de média de taxa de variação, como se pode observar na tabela n.º 3, corresponderia num

---

[171] O registo do mais elevado montante de vencimento dos «TCP», coincide com o início do período de recessão técnica, sofrendo os respectivos vencimentos a partir de 2010, os cortes salariais que iriam gradualmente sendo aplicados até 2012.

[172] Entendeu-se analisar os vencimentos só até o ano de 2012, por o mesmo corresponder a metade do tempo do período em análise.

[173]http://www.parlamento.pt/DeputadoGP/Paginas/EstatutoRemuneratorioDeputados_anexo.aspx

[174] Vide, Lei n.º 12-A/2010, de 30 de Junho e Lei n.º 55-A/2010, de 31 de Dezembro.

[175] Sem incluir os «JTC».

primeiro momento ou subperíodo, isto é, de 2006 a 2009, num aumento médio de 6% nos respectivos vencimentos e, num segundo momento ou subperíodo, isto é, entre 2009 e 2012, numa redução média de -14,5%.

Em termos globais, ou seja, entre 2006 e 2012, como se pode observar na tabela n.º 2-D, verificar-se-ia que o vencimento do «PR» sofreria uma redução nominal de 652 euros, devido à diferença existente nos montantes de 7175 euros e de 6523 euros, registados em 2006 e 2012.

Esta redução, corresponderia por sua vez, a uma taxa de variação de -9% e, por conseguinte, à média da taxa de variação registada nos vencimentos dos «TCP», como se pode observar na tabela n.º 3-B.

Contudo, esta redução verificada nos vencimentos do «TCP» seria diferente, se incluídos os Juízes do Tribunal Constitucional, isto porque, para além do corte percentual sofrido ter sido diferente, ao contrário do que acontece com os restantes «TCP», os seus vencimentos não estão indexados ao vencimento do «PR», não se verificando por isso o mesmo efeito proporcional, mesmo que o corte no vencimento fosse igual.

Com efeito, no primeiro subperíodo, como se pode observar na tabela n.º 2-D, o vencimento dos «JTC» que em 2006, correspondia a um montante de 5748 euros, registaria um aumento nominal de 382 euros, ao atingir em 2009, o montante de 6130 euros[176].

No segundo subperíodo, ou seja, entre 2009 e 2012, por efeito da aplicação do corte[177] de 10%, o vencimento dos «JTC» diminuiria em 2012, para um montante correspondente a 5517 euros, verificando-se deste modo uma redução nominal de 613 euros no respectivo vencimento.

Em termos globais, ou seja, entre 2006 e 2012, como se pode observar na mesma tabela, verificar-se-ia no vencimento dos «JTC», uma redução nominal de 231 euros, em resultado, da diminuição do respectivo vencimento de 5748 euros para 5517 euros.

Por conseguinte, à semelhança do que aconteceu com os restantes «TCP», a oscilação verificada na evolução dos vencimentos dos «JTC», em

---

[176] Segundo o índice 260 dos magistrados judiciais da tabela salarial, o vencimento dos «JTC» correspondia a 6630 euros, contudo e por consequência do limite remuneratório estipulado pela Lei n.º 19/93 de 25 de Junho, tendo em conta o artigo 2º da Lei n.º 63/90 de 26 de Dezembro e a Lei n.º 2/90, de 20 de Janeiro, o vencimento não podia ser superior ao vencimento base do «PM» sendo por isso reduzido.

[177] Vide, artigo 19º da Lei n.º 55-A/2010, no qual, estabeleceu um corte percentual de 10% no vencimento dos «JTC».

termos de taxa de variação, corresponderia no primeiro subperíodo, a um aumento de 7% no respectivo vencimento e, no segundo subperíodo, a uma redução de - 10%, o que, em termos globais do período em estudo, significaria uma redução no vencimento correspondente a -4%.

Pode-se assim observar, através da tabela n.º 3-B, que entre 2006 e 2012, os vencimentos dos «TCP[178]» - se incluídos os cortes -, sofreram uma redução média de -8%.

No entanto, como estes são temporários[179] continuam, em termos legais, com os valores do ano imediatamente anterior aos cortes efectuados, ou seja, com os valores dos montantes registados em 2009, o que significa, que os respectivos vencimentos registaram efectivamente em todo o período um aumento médio correspondente a 6%.

Deste modo, é notório, se não forem considerados os cortes, que a evolução dos vencimentos dos «TCP», tal como vinha a descrever nos dois últimos períodos, continua a aumentar mas, de forma menos expressiva.

No entanto, como anteriormente foi referido, importa saber, se a confirmação deste aumento reflecte-se, de igual forma, nos resultados da política salarial aplicada para os restantes intervenientes em estudo, ou seja, os beneficiários do Salário Mínimo Nacional e do Salário Mínimo da Administração Pública e, em consequência disso, se a diferença salarial registada entre estes e os «TCP», diminuiu ou aumentou, para assim se poder confirmar, se a política salarial aplicada foi feita de forma justa ou não.

Assim, após uma análise efectuada para este período, como se pode observar na tabela n.º 2-D, verificou-se que em termos nominais, os montantes do «SMN» e do «SMAP» que, em 2006, eram de 386 euros e de 322 euros, registaram um aumento nominal correspondente a 99 euros e a 21 euros respectivamente, passando o «SMN» a registar, em 2012, um montante correspondente a 485 euros e o «SMAP», um montante correspondente a 343 euros.

Estes aumentos traduzir-se-iam, em termos de taxa de variação, num aumento de 26% no «SMN» e de 7% no «SMAP», o que, comparativamente com o valor médio de 6% registado para os «TCP[180]», como se pode observar na tabela

---

[178] Se incluídos os «JTC».
[179] Conforme, estabelece o preâmbulo da Lei n.º 12-A/2010, de 30 de Junho, os cortes efectuados nos vencimentos dos «TCP», têm efeito temporário.
[180] Incluindo os «JTC».

n.º 2-D, somente o «SMN» registaria um aumento significativamente superior, ao contrário do «SMAP», cujo valor foi praticamente idêntico, superando-o em apenas 1%.

Em resultado dos valores atrás apresentados, pode-se afirmar que em termos de actualização salarial, a política salarial aplicada aos «TCP[181]» repercutiu-se de igual forma, em relação ao «SMN» e «SMAP», isto porque, embora os montantes de todos os intervenientes tenham sofrido um aumento inferior em relação ao período anterior, não deixaram ainda assim de registar um aumento, dos quais, o montante do «SMN» acabaria por ser consideravelmente superior à média do aumento do montante dos vencimentos dos «TCP».

No entanto, ainda que seja de sublinhar, a aplicação de determinados critérios que permitiram a aproximação a uma real e justa distribuição salarial entre os «TCP» e restantes intervenientes e, consequente ajustamento ao contexto em que estava inserida, a diferença de 1%, registado no aumento do montante do «SMAP» em relação aos «TCP», revela alguma desigualdade e injustiça que acaba por caracterizar a diferença de tratamento na política salarial aplicada aos beneficiários do «SMAP», quer em relação aos «TCP», no qual - tendo em conta os valores nominais dos respectivos vencimentos -, é notória a maior dificuldade dos beneficiários do «SMAP» em enfrentar o actual contexto de crise, quer também em relação ao «SMN» que, por terem registado um aumento superior em relação ao verificado nos montantes do «SMAP», contribuiu para o aumento da diferença salarial que vinha a desenvolver-se entre ambos, desde o período anterior, revelando desta forma a existência de um claro desrespeito pela convergência salarial que deveria ser salvaguardada e que acaba por prejudicar os beneficiários do «SMAP».

Por fim, o inferior aumento médio de 6% registado nos montantes de vencimento dos «TCP», em relação ao aumento médio de 17% registado nos montantes do «SMN» e «SMAP» para este período, o qual, já não se verificava desde o primeiro período, como se pode observar na tabela n.º 3-B, reflectir-se-ia também na média da diferença salarial.

Com efeito, como se pode observar na tabela n.º 4, o contínuo aumento que vinha a registar-se, desde o período de 1986 a 1996, na diferença salarial dos «TCP[182]» em relação aos montantes do «SMN» e «SMAP», acabaria por terminar

---

[181] Incluindo os «JTC».
[182] Se incluídos os «JTC», a diferença salarial seria de 1187%, não alterando em termos de média o valor registado sem o mesmo.

no actual período, ao verificar-se uma redução de 131%, resultante da diminuição do seu valor, de 1293% para 1162%, ou seja, de 13 para 12 vezes mais, em relação ao «SMN» e «SMAP».

No entanto, embora a redução verificada na evolução dos vencimentos dos «TCP» em relação ao «SMN» e «SMAP» no actual período e, tendo em conta, o contexto em que se desenvolve e onde está inserida, revele um reajustamento da política salarial, se for comparada com o período inicial, verifica-se que não foi tão grave assim, sobretudo, se for tido em conta que a actual crise é considerada, por muitos dos actuais analistas políticos e económicos, como a pior desde a fundação da República.

De tal modo é, que observando a tabela n.º 4, pode-se verificar que para o período de 1976 a 1986, a diferença salarial dos vencimentos dos «TCP», registou uma redução de 333%, ao diminuir o seu valor de 911% para 578%, isto é, de 9 para 6 vezes mais, em relação ao «SMN» e SMAP», o que significa que registou uma redução superior, em 202%, em relação ao período actual.

Por sua vez, se for considerado o corte de -14,5%, efectuado nos vencimentos dos «TCP[183]», o qual permitiu que a diferença salarial diminuísse dos 1293%, registado no período anterior, para os 983%, ou seja, de 13 para 10 vezes superior aos montantes do «SMN» e «SMAP» no período actual, a redução daí resultante, correspondente a uma diminuição de 310% na diferença salarial, seria, ainda assim, inferior à redução de 333% registada no primeiro período.

Daqui se pode constatar, que a diferença salarial dos vencimentos dos «TCP» em relação ao «SMN» e «SMAP», não só, não atingiria a mesma diferença salarial de 578% registada no final do primeiro período, quer devido ao insuficiente corte percentual verificado nos vencimentos dos «TCP», quer ao aumento da disparidade salarial verificada ao longo dos períodos em estudo, como manter-se-ia acima da diferença salarial verificada no início do primeiro período, mais precisamente em 1976.

Finalizada a análise da evolução dos vencimentos dos «TCP», pode-se concluir que para este período, a política salarial foi desenvolvida de forma justa, racional e responsável, mesmo sabendo que a sua aplicação se deveu à situação de crise que obrigou a um reajustamento nos vencimentos dos «TCP» e, do qual,

---

[183] Se incluídos os «JTC», a diferença salarial seria de 1003%, não alterando, em termos de média, o valor registado sem o mesmo.

resultou na redução dos seus montantes e consequente diminuição na diferença salarial, em relação ao «SMN» e SMAP», para valores próximos aos verificados em 1976.

No entanto, permite-nos também aferir que, do facto dos cortes efectuados nos vencimentos dos «TCP» serem temporários e de se verificar em relação ao «SMN» «SMAP», um distanciamento na diferença salarial de ambos, com efeitos prejudiciais para os beneficiários do «SMAP», a política salarial poderia, ainda assim, ter sido mais rigorosa e abrangente nos critérios aplicados, de forma a diminuir a desigualdade evidenciada desde o segundo período em relação à evolução do «SMAP».

4.2. Evolução do Estatuto Remuneratório dos Titulares de Cargos Políticos

Envolto num clima de crise profunda, a qual vira a agravar-se ainda mais nos anos seguintes, o «ERTCP» sofreria em dois anos, duas novas revisões que se demarcariam uma da outra por razões bastante diferentes.

Contrariamente ao sucedido na anterior revisão, efectuada pela Lei n.º 52-A/2005, a primeira das revisões realizadas neste período, pela Lei n.º 30/2008, não aplicaria qualquer medida que condissesse, em termos económicos, com o contexto em que estava inserida, isto é, as alterações que efectuar-se-iam no «ERTCP», não iriam de todo, incidir na regulação e, consequente diminuição ou eliminação de direitos que daí podiam advir, como também, não iriam aumentar esses mesmos direitos como aconteceu nas revisões anteriores à última, ou seja, iriam, única e simplesmente alterar determinados artigos no âmbito da designação dos titulares.

Em contrapartida, embora não sendo considerada uma revisão, a Lei n.º 12-A/2010, de 30 de Junho e a Lei n.º 55-A/2010, de 31 de Dezembro, por razões de défice financeiro, resultantes da grave recessão económica que entretanto se instalara, determinariam um conjunto de medidas que iriam incidir directamente nos vencimentos dos «TCP», diminuindo-os.

4.2.1. A 6ª revisão do Estatuto Remuneratório dos Titulares de Cargos Políticos, efectuada pela Lei n.º 30/2008, de 10 de Julho

Em concreto, a sexta revisão do «ERTCP», efectuada pela Lei n.º 30/2008 de 10 de Julho, estabeleceria em simultâneo o novo Estatuto do titular, Representante da República nas Regiões Autónomas da Madeira e dos Açores.

Em consequência da criação do novo Estatuto, observar-se-ia um conjunto de alterações no «ERTCP» que tinham como finalidade transferir todos os direitos de âmbito remuneratório do «RRRA» para o respectivo Estatuto.

Para o efeito, a presente Lei, através da alínea a) do artigo 24º, revogaria todos os artigos, números e alíneas, nomeadamente a alínea d) do n.º 2 do artigo 1º; e os artigos 21º e 22º que estavam inscritos no regime remuneratório, referentes ao «RRRA».

Estes direitos, referentes ao vencimento, abono mensal e residência oficial, seriam transferidos para o Estatuto do «RRRA» e ficariam consignados nos artigos, 11º e 14º, mantendo-se, no entanto, inalterados os valores percentuais correspondentes aos montantes do vencimento e abono mensal.

Ainda no novo Estatuto, ficariam estabelecidos no âmbito remuneratório, os artigos 12º e 13º, referentes ao direito às ajudas de custo, cujo valor remuneratório, continuaria a ser o equivalente ao dos membros do Governo e, à viatura oficial para uso pessoal do respectivo titular[184], os quais, não estavam estabelecidos no «ERTCP».

Por fim, ficaria ainda estabelecido no preceituado, consignado nas alíneas a) e b) do artigo 10º, que o «RRRA» como titular de cargo político, continuaria sujeito ao «ERTCP» e «RJII».

Em jeito de conclusão, pode-se afirmar que a sexta revisão do «ERTCP, através da Lei n.º 30/2008, de 10 de Julho, contrariamente à anterior revisão, as alterações que efectuou não teriam incidência, nem nos critérios de regulação dos direitos remuneratórios, nem nos montantes actualmente estipulados nesses mesmos direitos e, sobretudo, não eliminaria qualquer dos direitos que pudessem ser excessivos, tendo em conta, a situação económica e financeira real do país que começava a agravar-se de forma preocupante.

---

[184] A este respeito, importa referir que o «RRRA», mesmo quando era denominado por «MRAA» antes da revisão constitucional de 2004, foi sempre um órgão equiparado ao titular membros do Governo, dispondo por isso de idênticos direitos remuneratórios, mesmo que não previstos no «ERTCP».

113

A ausência de qualquer uma destas medidas, revelavam a forma irresponsável e parcial como estava a ser desenvolvida a política salarial que, ao invés de impor mais rigor e racionalidade na forma como estavam regulados e atribuídos os direitos remuneratórios dos «TCP», mantinha incautos esses mesmos direitos.

4.2.2. Regime excepcional: Lei n.º 12-A/2010, de 30 de Junho e Lei n.º 55-A/2010, de 31 de Dezembro

O regime excepcional, estabelecido pela Lei n.º 12-A/2010, de 30 de Junho[185], implementou um conjunto de medidas que tinham por objectivo reduzir os montantes de vencimento dos «TCP», dada a grave situação financeira em que se encontrava o país.

Neste sentido, o presente regime, através do preceituado consignado no n.º 1, do artigo 11º, referente à redução dos vencimentos dos titulares de cargos políticos, determinou a redução do vencimento mensal ilíquido em 5% dos «TCP», consignados no n.º 2 do mesmo artigo, inscrito no Capítulo V, referente aos "Titulares de cargos políticos, gestores público e equiparados".

Deste modo, o Presidente da República, Presidente da Assembleia da República, Primeiro-Ministro, Deputados da Assembleia da República, membros do Governo e os Representantes da República para as Regiões Autónomas, como titulares do «ERTCP», viram os seus vencimentos reduzidos de forma excepcional e temporária, conforme estabeleceu o n.º 3 do artigo 11º.

Verificar-se-ia, no entanto, no âmbito desta medida, a exclusão dos Juízes do Tribunal Constitucional, considerado como titular de cargo político, o qual só seria mais tarde incluído e abrangido no regime excepcional estabelecido pela Lei n.º 55-A/2010, de 31 de Dezembro e que iria novamente, reduzir os vencimentos dos «TCP».

Com efeito, a respectiva Lei, referente ao orçamento do Estado de 2011, estabeleceu na alínea c) do n.º 1, do artigo 19º do Capítulo III, a redução de 10% no vencimento total ilíquido superior a 4165 euros, tendo como referência a

---

[185] Conforme o preâmbulo, a referida Lei *"Aprova um conjunto de medidas adicionais de consolidação orçamental que visam reforçar e acelerar a redução de défice excessivo e o controlo do crescimento da dívida pública previstos no Programa de Estabilidade e Crescimento «PEC»."*

redução remuneratória efectuada nos termos do n.º 1, da Lei n.º 12-A/2010, de 30 de Junho, abrangendo deste modo o respectivo preceituado, os «TCP», consignados no n.º 9 do artigo 19º, que auferissem de valores superiores a 4165 euros, de entre os quais, estavam os Juízes do Tribunal Constitucional, consignados na alínea f).

Pode-se desta forma concluir, que as medidas aplicadas pelo regime Excepcional, inscrito nas Leis n.º 12-A/2010 e n.º 55-A/2011, embora não alterassem qualquer direito remuneratório do «ERTCP», a redução por elas infligida nos vencimentos, influenciariam determinantemente a evolução dos vencimentos dos «TCP», observada no final deste período conjuntural de extrema dificuldade económico-financeira.

Estas medidas, revelariam e transmitiriam um sentido de rigor, racionalidade e responsabilidade que, inflectiriam na política salarial até então desenvolvida, um nível de justiça e igualdade nas medidas tomadas, as quais, embora fossem temporárias, já não se verificavam desde o primeiro período.

4.3. – Evolução do Regime Jurídico de Incompatibilidades e Impedimentos

A estabilidade política que se fazia sentir no país no início do período em análise, transmitia um regular e saudável sentimento de optimismo que repercutia-se nas relações interinstitucionais entre o Estado e deste, com o sector privado e, consequentemente na imensidão de investimentos público-privados que faziam transparecer para a sociedade em geral que o quadro económico-financeiro do país era perfeitamente saudável.

A acompanhar este contexto, encontrava-se o «RJII» que iria imprimir na sua evolução uma única alteração, resultante do processo de autonomização regional, desenvolvido e consagrado na «CRP» revista em 2004, não se observando de resto e, com a agravante de já não serem revistas há doze anos, qualquer medida que fosse no sentido de aperfeiçoar e adequar as incompatibilidades e impedimentos ao actual contexto.

4.3.1. A Lei n.º 30/2008 do Regime Jurídico de Incompatibilidades e Impedimentos

A Lei n.º 30/2008, de 30 de Julho, que estabeleceu o novo Estatuto dos Representantes da República nas Regiões Autónomas dos Açores e da Madeira, reviu em simultâneo o «RJII», correspondendo deste modo à sétima revisão do mesmo.

Sucedendo o mesmo com o «ERTCP» e, anteriormente referido neste estudo, a presente revisão consistiu unicamente na exclusão do titular, Ministro da República nas Regiões Autónomas dos Açores e da Madeira, do «RJII». Sobressai, no entanto, uma diferença entre a revisão do «RJII» e a do «ERTCP», no qual o respectivo titular já era referido pela nova denominação, desde a Lei n.º 52 – A/2005, de 10 de Outubro.

Neste sentido, embora o presente diploma exclua[186] do «RJII», o «MRRA», o mesmo, ficaria sujeito ao respectivo regime[187], o que permite concluir, que qualquer alteração no «RJII» que estivesse directa ou indirectamente relacionado com o «RRRA», teria de ser respeitada e sobrepor-se-ia juridicamente à introdução de normas relativas a incompatibilidades e impedimentos no novo Estatuto.

4.4. – Enquadramento legal do Regime Jurídico de Incompatibilidades e Impedimentos com o Estatuto Remuneratório dos Titulares de Cargos Políticos

A estabilidade política e o aparente saudável ambiente económico-financeiro que se fazia sentir no país no início do período em análise, reflectia-se também na forma como evoluía a regulação dos direitos remuneratórios.

O inexistente desenvolvimento de novos critérios de incompatibilidades e impedimentos e consequente aplicação nos direitos remuneratórios que premia pela mesma ausência, revelavam uma irresponsabilidade e arrogância dos responsáveis políticos que se reflectia na política salarial que caracterizou a

---

[186] A revisão efectuada pelo presente diploma, ficou estabelecida na alínea a) do artigo 24º, o qual, consistiu na revogação da alínea *a)* do artigo 1.º consagrada pela Lei n.º 28/95, de 18 de Agosto, e cuja, redacção original estava estabelecida na alínea *c)* do artigo 2.º da Lei base n.º 64/93, excluindo deste modo o «MRRA» do «RJII».
[187] Vide artigo 10º, alínea b) da Lei n.º 30/2008.

primeira metade deste período.

4.4.1. A Lei 30/2008 do Regime Jurídico de Incompatibilidades e Impedimentos e a Lei n.º 30/2008 do Estatuto Remuneratório dos Titulares de Cargos Políticos

No princípio do actual período de conjuntura, a promulgação da Lei n.º 30/2008 de 10 de Julho, que criou o Estatuto do Representante da República para as Regiões Autónomas, reviu em simultâneo o «RJII» e o «ERTCP», com o intuito de os enquadrar legalmente, tendo em conta, a revisão da «CRP» efectuada em 2004.

Com efeito, e como anteriormente foi referido neste estudo, embora o respectivo titular fosse eliminado do «RJII» e do «ERTCP», continuaria a estar sujeito aos mesmos, mantendo uma relação jurídica no âmbito dos direitos remuneratórios e na sua regulação em termos de incompatibilidades e impedimentos.

Seria assim que os direitos remuneratórios, agora estabelecidos no seu Estatuto, poderiam vir a ser alterados por determinação do «ERTCP», o mesmo sucedendo-se com as incompatibilidades e impedimentos, determinadas pelo «RJII».

Como consequência desta revisão e do enquadramento legal que a caracterizou, o «ERTCP» ficaria reduzido, no âmbito do «TCP», aos representantes dos órgãos de soberania – Presidente da República, Presidente da Assembleia da República, membros do Governo, no qual está incluído o Primeiro-Ministro, e ainda os Deputados e os Juízes do Tribunal Constitucional - e membros do Conselho de Estado.

Pode-se assim concluir, que a revisão e consequente actualização, em simultâneo, do «RJII» e do «ERTCP», efectuada pela presente Lei por forma a respeitar a «CRP», ao retirar os artigos e respectivos números, respeitantes ao Representante da República para as Regiões Autónomas, contribuiu para uma melhor gestão do processo de regulação dos direitos remuneratórios e, consequentemente para o processo de autonomização regional, desenvolvido e consagrado na «CRP» revista em 2004

No entanto, esta medida e consequente enquadramento legal, embora reflicta o contínuo objectivo do Estado em promover e desenvolver a democratização nas relações político-institucionais, existentes entre o poder central e regional, não traduz, a necessária e exigente demanda em aplicar medidas que fossem no sentido de aperfeiçoar os critérios que regulam os direitos remuneratórios, sobretudo, num período em que começavam a emergir situações dúbias, relativas ao exercício de cargo dos «TCP» e que punham em causa a idoneidade e consequente qualidade representativa dos mesmos e, da classe política em geral.

CAPÍTULO V

Evolução dos vencimentos dos Titulares de Cargos Políticos a preços constantes de 2006

A evolução dos vencimentos dos «TCP» registou ao longo dos períodos analisados várias oscilações que, determinadas pelos contextos em que se inseriam, eram também resultado das políticas salariais implementadas pelos vários Governos que acompanhavam a sua evolução, moldando-as e reajustando-as segundo critérios que, de forma justa ou não, tinham como principal objectivo manter uma tendência que se coadunasse em parte, às exigências económicas manifestadas ao longo dos respectivos períodos e, sobretudo, que fossem de encontro às suas próprias ambições.

Sendo notório, ao longo dos períodos analisados, o benefício na aplicação de políticas salariais aos «TCP» em detrimento dos beneficiários do Salário Mínimo Nacional e do Salário Mínimo da Administração Pública, a qual se fez sentir pelos superiores aumentos atribuídos aos vencimentos dos «TCP» e que reflectiam-se no aumento da diferença salarial, torna-se, contudo, mais perceptível acompanhar a sua evolução através de uma análise efectuada aos respectivos vencimentos ao valor da moeda actual – ver tabela n.º 5 - para se ter a noção do valor real dos montantes atribuídos e respectiva diferença existente em relação aos montantes do «SMN» e «SMAP».

Assim, ir-se-á em seguida, analisar a evolução dos vencimentos dos «TCP» a preços constantes de 2006[188], e compará-los com a evolução dos

---

[188] Valor do euro em 2006 a preços constantes - reconversão efectuada no site da Pordata.http//www.pordata.pt

119

montantes do «SMN» e «SMAP» ao longo de todos os períodos, relacionando-os em paralelo com o evoluir da diferença salarial verificada entre ambos, por forma a encontrar a tendência que este estudo se propôs revelar e que determinará, se o modelo de política salarial a aplicar manter-se-á o mesmo para o futuro.

5.1. Período de 1976/1986

Para o período de 1976/1986, como se pode observar na tabela n.º 6, verificou-se que o vencimento do «PR», sofreu uma redução nominal de 3134 euros, ao diminuir de um montante de 6773 euros, registado em 1976, para um montante de 3639 euros, registado em1986, o que, em termos de taxa de variação, correspondeu a uma descida considerável de -46%.

Esta redução, abrangeria por sua vez quase todos os «TCP[189]», variando de forma desproporcional entre os -24% e os -46%, à excepção dos Deputados que registaram uma ténue ou quase nula subida de 0,4%, como resultado do aumento nominal de 7 euros que elevaria o seu vencimento de um montante de 1813 euros, registado em 1976, para um montante de 1820 euros registado em 1986.

A redução nominal nos montantes de vencimento dos «TCP», como se pode observar na tabela n.º 7, que em termos de média da taxa de variação, corresponderia a -31% - podendo ter sido maior este valor[190], não fosse o aumento em contraciclo registado no montante de vencimento dos «DAR» -, não se verificaria de forma tão grave em relação ao «SMN» e «SMAP», cujos montantes, sofreram em igual período, uma redução bastante menor.

Com efeito, após uma análise efectuada aos montantes do «SMN» e «SMAP», como se pode observar na tabela n.º 6, verificou-se que os mesmos, sofreram uma redução nominal de -25 euros e -6 euros, em resultado da diminuição de 384 euros para 359 euros no montante do «SMN» e, da diminuição de 384 euros para 378 euros no montante do «SMAP», entre 1976 e 1986, o que, em termos de taxa de variação, correspondeu a -7% e a -2% respectivamente.

Assim, embora quase todos os «TCP» sofressem uma redução exponencial nos vencimentos, como se pode observar na tabela n.º 7, a média resultante denunciava uma redução mais suave de -31%, em virtude do aumento

---

[189] Não inclui os «JTC», visto que, o Tribunal Constitucional só surgiu em 1982.
[190] Se os «DAR» registassem idêntica redução à verificada para os restantes «TCP» a média da taxa de variação situar-se-ia supostamente nos -35%.

registado no vencimento dos «DAR» no final deste período, o que não deixaria de ser, ainda assim, bastante maior que a redução média de -4% verificada nos montantes do «SMN» e do «SMAP».

No entanto, de uma forma ou de outra, a análise a preços constantes evidencia e torna mais perceptível a real diminuição dos montantes de vencimento dos «TCP» e correspondente evolução, a qual teria como consequência, tendo em conta, o valor de partida registado em 1976, uma redução de 333% na diferença salarial, como se pode observar na tabela n.º 4, diminuindo o seu valor de 911%, para 578% em relação ao «SMN» e «SMAP».

5.2. Período de 1986/1996

O período de 1986/1996, caracterizou-se, sobretudo, pela inversão na evolução dos vencimentos dos «TCP», em resultado do aumento exponencial registado nos montantes de vencimentos dos respectivos titulares e que, consequentemente, iria reflectir-se no aumento da diferença salarial em relação ao «SMN» e «SMAP».

De facto, partindo da análise do vencimento do Presidente da República, como se pode observar na tabela n.º 6, verificou-se que o montante de 3639 euros de vencimento que este titular auferia em 1986, aumentou para 7003 euros em 1996, registando um aumento nominal de 3364 euros que, em termos de taxa de variação, corresponderia a um aumento de 92%.

Este valor, por razões anteriormente referidas, corresponderia também ao aumento médio verificado nos vencimentos dos «TCP», com excepção dos Juízes do Tribunal Constitucional[191], os quais, se fossem incluídos, a respectiva média subiria exponencialmente.

Com efeito, após uma análise ao vencimento dos «JTC», como se pode observar na tabela n.º 6, verificou-se que este titular, cujo montante, auferido em 1986, era de 2243 euros, registou um aumento nominal de 4592 euros, ao passar a auferir, em 1996, de um montante de 6835 euros, o qual corresponderia, em termos de taxa de variação, a um aumento de 205%.

Como consequência deste aumento exponencial, a média da taxa de variação dos vencimentos dos «TCP», como se pode observar na tabela n.º 7,

---

[191] Em virtude, do regime legal estipulado no «ERTCP» de 1985.

não só, acabaria por aumentar para um valor correspondente a 105%, elevando os seus montantes para níveis superiores ao registado em 1976 - como se pode observar na tabela n.º 6 -, como provocaria, em simultâneo, um aumento exponencial que iria atingir os 1130% da diferença salarial em relação ao «SMN» e ao «SMAP», como se pode observar na tabela n.º 4, superando, não só, os 578% do valor da diferença salarial registada em 1986, como ultrapassaria em 219%, o valor registado em 1976, correspondente a 911%.

Em resultado desta recuperação, assistiu-se a uma inversão na evolução dos vencimentos dos «TCP», a qual seria também impulsionada pelo fraco aumento registado nos montantes do «SMN» e «SMAP» neste período em análise.

Com efeito, como se pode observar na tabela n.º 6, entre 1986 e 1996, o «SMN» beneficiou de um aumento nominal de 40 euros, em resultado da subida do respectivo salário de 359 euros para os 399 euros, correspondendo por sua vez, em termos de taxa de variação, a um aumento de 11%.

Já relativamente ao montante do «SMAP», verificou-se um aumento nominal de 5 euros, em resultado da diferença do salário registado entre 1986 e 1996, cujos montantes, correspondiam respectivamente a 378 euros e a 383 euros e que, em termos de taxa de variação, equivaleram a 1%.

Assim, o reduzido aumento verificado nos montantes do «SMN» e «SMAP», atrás descritos e tão bem percepcionados ao valor da moeda corrente, que em média corresponderam a 6%, como se pode observar na tabela n.º 7, para além de contribuírem para a inversão na evolução dos vencimentos dos «TCP», revelam também, a desigual e injusta aplicação da política salarial desenvolvida neste período em benefício dos «TCP».

A constatação deste facto é também reforçada pelo resultado da análise da evolução do montante do Salário Médio do Sector Privado para o mesmo período, o qual, tendo registado um aumento considerável de 34% e portanto, bastante superior ao aumento médio de 6% registado no «SMN» e «SMAP», como se pode observar na tabela n.º 7, situou-se, ainda assim, muito a baixo em relação ao exponencial aumento médio de 105%, verificado nos vencimentos dos «TCP[192]».

---

[192] Incluindo, os «JTC».

5.3. Período de 1996/2006

O contínuo aumento dos montantes de vencimento dos «TCP», verificar-se-ia no desenrolar do período de 1996 a 2006, chegando mesmo a atingir o valor nominal máximo da sua evolução a preços constantes, ao longo de todos os períodos, o qual, reflectir-se-ia, por sua vez, no aumento da diferença salarial em relação ao «SMN» e ao «SMAP».

Com efeito, como se pode observar na tabela n.º 6, o montante de vencimento do Presidente da República, cujo valor, em 1996, correspondia a 7003 euros, iria beneficiar de um aumento nominal de 951 euros, ao registar em 2006, um montante de 7954 euros que seria também o maior alguma vez registado.

Este aumento, que em termos de taxa de variação, corresponderia a 14%, como se pode observar na tabela n.º 6 e 7, seria também o valor do aumento médio verificado nos vencimentos dos restantes «TCP[193]», elevando assim os seus montantes para valores máximos.

No entanto, o aumento médio dos montantes de vencimento dos «TCP» acabaria por diminuir para um valor ligeiramente inferior, se incluído o valor da taxa de variação registado no vencimento dos «JTC».

Com efeito, para este período, como se pode observar na tabela n.º 6, em resultado da diminuição de 6835 euros para 6372 euros, verificada entre 1996 e 2006, o vencimento dos «JTC» registariam uma redução nominal de 463 euros que, em termos de taxa de variação, corresponderia -7%.

Por conseguinte, como se pode observar na tabela n.º 7, o aumento médio da taxa de variação dos montantes de vencimentos dos «TCP» diminuiria para os 12%, o qual, por ser ainda assim, superior à taxa de variação registada, quer em relação ao «SMN», quer em relação ao «SMAP», iria reflectir-se novamente no aumento da diferença salarial registada para este período.

Com efeito, como se pode observar na tabela n.º 6, o «SMN», cujo montante, registado em 1996, correspondia a 399 euros, atingiria em 2006, um montante de 428 euros, registando um aumento nominal de 29 euros que, em termos de taxa de variação, corresponderia a um aumento de 7%.

Embora fosse relativamente significativo, o aumento registado no «SMN» não seria acompanhado pelo «SMAP».

---

[193] Excluindo os «JTC».

Com efeito, para este mesmo período, verificou-se uma redução nominal de 27 euros no montante do «SMAP», resultante da diferença dos montantes registados entre 1996 e 2006, correspondente a 383 euros e a 356 euros respectivamente, o que, em termos de taxa de variação, significou uma redução de -7%, como se pode observar na tabela n.º 6.

Verificar-se-ia assim, que a redução significativa de -7% no montante do «SMAP», em simultâneo com o inferior aumento de 7% registado no montante do «SMN», que em termos de média de taxa de variação correspondeu a 0%, como se pode observar na tabela n.º 7, saldou-se numa diferença de -12% em relação ao aumento médio registado nos montantes de vencimento dos «TCP», contribuindo deste modo para o aumento da diferença salarial que atingiria o valor mais alto, alguma vez verificado em toda a sua evolução, correspondente a 1319%, como se pode observar na tabela n.º 4.

Assim, para este período de 1996 a 2006, a análise à evolução dos vencimentos dos «TCP» a preços constantes, para além de permitir verificar o benefício dado aos «TCP[194]», em resultado do superior e contínuo aumento registado nos seus montantes de vencimento em relação ao «SMN» e «SMAP», permitiu também tornar mais perceptível, dentro do contexto em que se insere, a injusta política salarial desenvolvida, a qual se reflectiu no aumento da diferença salarial para valores nunca antes atingidos, prejudicando, não só, os beneficiários do «SMN» mas, sobretudo, os beneficiários do «SMAP», por estes terem visto diminuído o seu montante para um valor inferior ao registado em 1976 e agravado o seu distanciamento na convergência salarial que deveria ser respeitada com o «SMN».

5.4. Período de 2006/2012

Por fim, e em consequência da grave crise económico-financeira, a evolução dos vencimentos dos «TCP» para o período de 2006 a 2012, sofreria nominalmente uma ligeira queda, devido à redução registada nos montantes de vencimento dos «TCP».

Em consequência disso, a diferença salarial em relação ao «SMN» e «SMAP», diminuiria para um valor idêntico ao registado no final do período de

---

[194] Excepto os «JTC», pois estes titulares registariam para este período uma redução de -7% no seu vencimento.

1986/1996.

Com efeito, tendo como referência o vencimento do Presidente da República, verificou-se que em termos nominais, o montante de vencimento que este titular auferia em 2006, correspondente a 7954 euros, sofreria uma redução de 324 euros, ao registar em 2012, um montante correspondente a 7630 euros, como se pode observar na tabela n.º 6.

Esta redução, em termos de taxa de variação, equivaleria a um valor correspondente a 4%, que seria também, conforme se pode observar na tabela n.º 7, o valor correspondente à média da taxa de variação dos montantes de todos os «TCP», incluindo neste caso os «JTC», os quais, vinham a registar uma diminuição no seu vencimento desde o período anterior e, cuja redução, foi idêntica em termos de taxa de variação, conforme se pode observar na tabela n.º 6.

Com efeito, o titular «JTC», cujo montante de vencimento auferido em 2006, era de 6372 euros, sofreria uma redução nominal de 242 euros, ao registar em 2012, um montante de vencimento correspondente a 6130 euros, o qual, em termos de taxa de variação, corresponderia a uma redução de -4%, ou seja, idêntica à dos restantes «TCP», não influenciando por isso a média atrás referida.

Como consequência da redução dos vencimentos dos «TCP», a diferença salarial diminuiria para um valor idêntico ao registado no final do período de 1986/96, como se pode observar na tabela n.º 4, passando deste modo os vencimentos dos «TCP» a registarem em média, uma diferença salarial superior de 1187% em relação ao «SMN» e «SMAP».

Esta diminuição da diferença salarial seria, no entanto, ainda maior se fossem contabilizados os cortes[195] nos vencimentos dos «TCP» já no final do período em análise, implicando, não só, uma descida mais forte nos respectivos montantes, como também, na diferença salarial em relação ao «SMN» e «SMAP».

Com efeito, como se pode observar na tabela n.º 6, com a aplicação dos cortes - no total significaram uma redução de -14,5% nos vencimentos do «TCP[196]» - e tendo como referência o vencimento do Presidente da República, este, em vez de auferir, em 2012, de um montante de 7630 euros, iria auferir de um valor ainda menor, correspondente a 6523 euros, sofrendo assim, uma redução

---

[195] Ibidem (179). Por serem temporários, não se, consideraram os valores dos montantes resultantes dos mesmos para este estudo. A sua referência serve só para se ter uma ideia, de que, se aplicados, os montantes de vencimento dos «TCP» não sofreriam, mesmo assim, uma redução igual à registada em 1986.
[196] Sem incluir os «JTC».

nominal de 1107 euros que, por conseguinte, aumentaria a diferença nominal para um valor correspondente a 1431 euros, em relação ao montante de 7954 euros auferidos em 2006.

Este valor, como se pode observar nas tabelas n.º 6 e 7, em termos de taxa de variação, corresponderia a uma redução de -18% no montante de vencimento do «PR» e restantes «TCP» e, por conseguinte, também ao valor médio da redução na taxa de variação dos vencimentos dos «TCP», sem incluir os Juízes do Tribunal Constitucional.

Com efeito, como se pode observar na tabela n.º 6, o «JTC», que em 2012, auferia de um montante de 6130 euros, com a aplicação do corte de 10%, o respectivo montante diminuiria para os 5517 euros, sofrendo uma redução nominal de 613 euros, a qual aumentaria a diferença para um valor correspondente a 855 euros em relação ao montante de 6372 euros auferido em 2006.

Esta redução, que em termos de taxa de variação, corresponderia a - 13%, iria, por sua vez, diminuir a média da taxa de variação dos vencimentos dos «TCP» para um valor negativo de -17%, como se pode observar na tabela n.º 7.

Por conseguinte, com a contabilização dos cortes nos vencimentos dos «TCP[197]», verificar-se-ia uma diminuição ainda maior na diferença salarial em relação ao «SMN» e «SMAP», a qual atingiria em resultado do mesmo, como se pode observar na tabela n.º 4, o valor correspondente a 1003%.

No entanto e por motivos já referidos neste estudo, este valor ficaria bastante distante dos 578% da diferença salarial registada em 1986, o que significa, tendo em conta a similaridade conjuntural, que a política salarial agora aplicada aos vencimentos dos «TCP», não foi tão rigorosa como a verificada nesse mesmo período, isto é, de 1976 a 1986, pese embora, no universo destes titulares, o vencimento do Presidente da República e do Presidente da Assembleia da República registassem um montante inferior ao verificado em 1976, como se pode observar na tabela n.º 5.

De qualquer modo, seria necessário que se verificasse em simultâneo, um aumento exponencial nos montantes do «SMN» e do «SMAP», por forma a ser alcançado o valor da diferença salarial atrás enunciado.

No entanto, para este período, como se pode observar na tabela n.º 6, o «SMAP», cujo montante, em 2006, era de 356 euros, sofreria uma redução nominal de 13 euros, ao registar em 2012, um montante de 343 euros, a qual,

---

[197] Incluindo os «JTC».

corresponderia a uma taxa de variação de -4%.

Ao contrário, o «SMN», cujo montante, em 2006, era de 428 euros, beneficiaria, para este período, de um aumento nominal de 57 euros, ao registar em 2012, um montante de 485 euros.

Este aumento, que em termos de taxa de variação, correspondeu a 13%, pese embora, estivesse longe dos valores máximos registados nos montantes de vencimento dos «TCP», seria o maior alguma vez registado ao longo dos vários períodos analisados neste estudo.

Assim, como se pode observar na tabela n.º 7, verificou-se que a média da taxa de variação, registada no «SMN» e «SMAP», correspondente a 4%, embora fosse superior à média negativa de -17% da taxa de variação dos «TCP», reflecte o fraco aumento registado nos seus montantes, revelando desta forma que a mesma, não só, não contribuiria para atingir o valor de 578% da diferença salarial registada em 1986, como também, revela de um modo geral a injusta política salarial aplicada, sobretudo no que respeita aos beneficiários do «SMAP», nos quais se confirmou, quer a contínua diminuição do seu montante e consequente redução do poder de compra em relação a 1976, quer o contínuo desrespeito pela convergência salarial que deveria ser salvaguardada em relação ao «SMN».

5.5. Tendência da evolução dos vencimentos dos Titulares de Cargos Políticos

Os resultados da análise efectuada aos montantes de vencimento, a preços constantes, dos «TCP» e sua correlação com os montantes do «SMN» e «SMAP», para além de demonstrarem, oferecem também uma melhor percepção da evolução do valor real dos montantes dos respectivos intervenientes, registada ao longo dos vários períodos analisados neste estudo.

Com efeito, de uma forma geral, como se pode observar no Gráfico 1, a evolução dos vencimentos dos «TCP» a preços constantes que, em 1976, registava um diferença salarial 911% superior aos montantes do «SMN» e «SMAP», caracterizou-se numa primeira fase, até 1986, por uma queda de -31% no valor médio dos seus montantes, reduzindo para 578% a diferença salarial em relação ao «SMN» e «SMAP».

Esta redução ou hipotética manutenção dos montantes de vencimento em causa e respectiva diferença salarial, não se confirmaria para os dois períodos seguintes que compõem a segunda fase da evolução dos vencimentos dos «TCP».

Iniciada a partir do segundo período, ou seja, entre 1986 e 1996, verificar-se-ia, pelo contrário, uma inversão na respectiva evolução em resultado do aumento exponencial médio de 105% registado nos vencimentos dos «TCP», o qual reflectir-se-ia, em simultâneo, no aumento da diferença salarial em relação ao «SMN» e «SMAP», ao atingir os 1188% em 1996.

No período seguinte, entre 1996 e 2006, embora de forma mais atenuada, o contínuo aumento médio de 12%, verificado nos vencimentos dos «TCP», reflectir-se-ia, em simultâneo, no aumento para 1319% da diferença salarial registada em relação ao «SMN» e «SMAP», confirmando deste modo uma fase de evolução positiva e constante nos vencimentos dos «TCP».

Por fim, numa terceira fase, a evolução dos vencimentos dos «TCP» entraria novamente em ciclo negativo, interrompendo assim a evolução positiva registada na segunda fase, ao sofrer novamente uma redução de -4% nos respectivos montantes no último e actual período, ou seja, entre 2006 e 2012.

Esta redução, pese embora ligeira, seria consideravelmente maior, se incluídos os cortes nos vencimentos, atingindo um valor médio de -17%.

Ao mesmo tempo, as respectivas reduções, reflectir-se-iam na diferença salarial em relação ao «SMN» e «SMAP», diminuindo o seu valor para 1187% ou para 1003%, este último, se incluído os cortes.

A evolução dos vencimentos dos «TCP» a preços constantes, revela assim, de forma notória e real, o valor dos montantes em discussão e sua atribuição ao longo dos períodos analisados, denunciando a forma como a política salarial foi aplicada e reservando para o futuro a continuidade ou não, de uma tendência até agora desenvolvida.

Assim é, que foi possível verificar, através da correlação efectuada entre os vencimentos dos «TCP» e os montantes do «SMN» e «SMAP», ao longo dos períodos analisados - dos quais resultaria a diferença salarial que determinaria a evolução dos mesmos -, quer a tendência registada ao longo do seu percurso evolutivo, como também, a que irá registar-se no futuro próximo.

Com efeito, como se pode observar no gráfico 2, a evolução da média da diferença salarial dos «TCP em relação ao «SMN» e «SMAP», ao longo dos períodos em análise, registou durante os dois primeiros períodos, ou seja, entre 1976/86 e 1986/96, um valor médio de 740% e 879% respectivamente, verificando-se, entre eles, um aumento de 139%.

Posteriormente, este aumento atingiria os 374%, permitindo que a média da diferença salarial atingisse os 1253% durante o terceiro período, ou seja, entre

1996 e 2006.

Este contínuo aumento, revelaria assim uma tendência crescente dos vencimentos dos «TCP», a qual iria ser anulada no decurso do terceiro período e/ao manter-se constante até final do último período, isto é, entre 1996 e 2012, com o mesmo valor médio de 1253% de diferença salarial.

Esta estagnação na evolução da média da diferença salarial, revelaria assim uma tendência constante dos vencimentos dos «TCP», determinada, sobretudo, pela crise económica e financeira que se instalou no país a partir de 2009.

Assim, e tendo em conta a crise e, consequente rigor orçamental das contas públicas, é de prever que nos próximos anos a tendência da evolução dos vencimentos dos «TCP» continue a manter-se a mesma, podendo, no entanto, sofrer oscilações que não deverão alterar a média da diferença salarial registada nos dois últimos períodos.

Contudo, a acontecer uma alteração que determine uma nova tendência, a mesma, não deve seguir a tese que ultimamente tem sido defendida pelo mais alto magistrado da nação - o «PR[198]» - e por alguns titulares mais liberais e conservadores, os quais defendem que os vencimentos dos «TCP» deveriam ser mais elevados por forma a atraírem para a respectiva classe os cidadãos melhor qualificados e, assim, melhorar a qualidade da acção política.

Sendo que o actual modelo neoliberal que vigora no mundo[199] e mais recentemente em Portugal e, que tão bem foi percepcionado e criticamente explanado por Torres[200], segundo o qual, os neoliberais partilham ”...da mesma fé excessiva e quase religiosa nas virtudes do mercado e o mesmo horror em relação ao Estado...” (2005; p 8), utilizando e impondo para isso, um “...discurso unívoco e autoritário... que ...como pensamento único...”[201] (Torres, 2005; p 9), solucionará todo e qualquer problema, esta tese que tanto o personifica, é sugerida em condições, cuja conduta ética e moral, inserida na presente conjuntura

---

[198] http://www.dn.pt/politica/interior.aspx?content_id=4163232
[199] Assiste-se desde algum tempo a esta parte, em alguns países da Europa, tais como França, Alemanha, Inglaterra, entre outros, um aumentos exponencial e abrupto nos vencimentos dos respectivos «TCP» e, nos quais, só para dar um exemplo: em França, o então Presidente da direita francesa, Nicolas Sarkozy, em 2007, aumentou para quase o dobro o seu vencimento, posteriormente reduzido em 30% pelo Presidente socialista François Hollande. In http://www.lefigaro.fr/conjoncture/2012/05/17/20002-20120517ARTFIG00465-les-salaires-des-ministres-seront-reduits-de-30.php
[200] Torres, A. (2005). *Economia, Ética e Democracia*. P. 8, 8º parágrafo. In http://www.adelinotorres.com/trabalhos/Economia,%20%C9tica%20e%20Democracia.pdf
[201] Ibidem P. 9, 2º parágrafo; (referente ao ponto anterior).

económica, deveria no mínimo, revelar extrema preocupação por parte da classe política.

Com efeito, parafraseando Max Weber[202] (2000) no que à dicotomia entre a ética da convicção e a ética da responsabilidade diz respeito e, fazendo uma analogia à respectiva tese. Esta, em defesa de uma extrema convicção neoliberal alicerçada e defendida pelo aparelho partidário, pretende a todo o custo e de forma pouco digna, impôr também ao modelo remuneratório[203] os ditames do modelo económico que defende, ao tentar anexar através de um eventual aumento salarial, a ética da responsabilidade, sem se preocupar com o real problema que hoje em dia tende a permanecer indiferente aos «TCP» - não todos - e que é, o sentido do dever público na defesa dos direitos dos cidadãos e do Estado, o qual, só quando for admitido e efectuado com coerência, franqueza e sinceridade, conseguirá efectivamente, anular a dicotomia anteriormente existente, complementando-as.

Sabendo, é certo, que os «TCP» continuam de forma arbitrária a ter o poder de decisão das próprias remunerações, seria por demais evidente que na actual situação em que se encontra a regulação do modelo remuneratório, uma eventual actualização e consequente atribuição e/ou aumento dos direitos remuneratórios, seria oposta à realidade económico-financeira nacional e alteraria de forma abrupta a tendência que se tem verificado na evolução dos vencimentos dos «TCP», aumentando ainda mais a disparidade salarial em relação ao «SMN» e «SMAP» e, consequente desigualdade.

Para além disso, o presente estudo refuta por completo a tese atrás mencionada, ao evidenciar, através da análise do Capítulo II, que os vencimentos dos «TCP» beneficiaram nos primeiros quatro anos do segundo período, de um aumento exponencial de 2885 euros, ou seja, 254%[204], não se verificando em consequência do mesmo, um melhor rácio das contas publicas ou da produtividade nacional, bem pelo contrário, assistiu-se na conjuntura económica e financeira do

---

[202] Weber, M. (2000). *A Política como Profissão*. Lisboa: Edições Universitárias Lusófonas. PP. 86-101.
[203] Como o Deputado Hugo Soares do PSD, que ao defender para os «TCP», um vencimento equivalente à média do que auferiam nos últimos cincos anos antes de assumirem o cargo, está em simultâneo, a defender e a querer introduzir no actual modelo remuneratório dos «TCP» a mercantilização do próprio sistema político. In http://www.ionline.pt/artigos/portugal/hugo-soares-os-politicos-deviam-ganhar-mesmo-ganhavam-no-privado-0
[204] Consultar último parágrafo da página n.º 60 do Capítulo II.

país um agravamento exponencial da mesma[205], no então período em que o actual «PR» era Primeiro-Ministro.

Assim, a verificar-se uma alteração que determine uma nova tendência na evolução dos vencimentos, a mesma, deve incidir na diminuição da diferença salarial, verificada entre os «TCP» e o «SMN» e «SMAP», para valores idênticos aos registados no 1º período, sendo para tal necessário, não só, aumentar os montantes do «SMN» e «SMAP» para valores idênticos à média europeia[206], como tornar permanente os cortes aplicados aos vencimentos dos «TCP», ou seja, seria enfim necessário e até aconselhável, alterar a política salarial desenvolvida e implementada ao longo dos períodos analisados por forma a torná-la mais justa e igual.

5.6. Alterações e recomendações a efectuar no actual modelo remuneratório dos Titulares de Cargos Políticos

Definido e regulado pelo «ERTCP», com base no Regime Remuneratório do Presidente da República, o actual modelo remuneratório aplicado aos «TCP» sofreu, ao longo dos vários períodos em análise, diversas alterações no sentido de se adaptar às circunstâncias que a evolução do tempo exigia.

Promovido por uma política salarial que também variava consoante os Governos que iam passando, não deixava, contudo, de manter uma matriz de indevido aumento salarial e que, aplicada por vezes de forma injusta e desigual, era desenvolvida sempre em benefício dos «TCP».

Ainda que pelo facto de na última década, sobretudo a partir de 2005, se tivesse verificado uma redução inequívoca de alguns direitos e privilégios, tais como, a revogação do direito à subvenção vitalícia e do direito ao subsídio de reintegração, a mesma se deveu às dificuldades e desigualdades que iam emergindo e aumentando, resultantes de contextos económico-político-sociais menos favoráveis.

---

[205] Consultar penúltimo parágrafo da página n.º 61 do Capítulo II.
[206] A média do «SMN» na União Europeia em 2013, correspondia a um montante de 753 euros, ficando o «SMN» praticado em Portugal a 25% da respectiva média. http://epp.eurostat.ec.europa.eu/statistics_explained/index.php/File:MW_EUR_January_2013.png

Seria com a actual crise e, substancialmente forçada por motivos de falta de liquidez financeira e rigor orçamental que a política salarial desenvolvida pelos actuais responsáveis políticos – sem no entanto efectuar qualquer revisão no modelo remuneratório -, acabaria por diminuir a desigualdade e injustiça que até então a mesma vinha a promover.

Este *volte-face* na sua forma de actuar, verificar-se-ia através da aplicação de sucessivos cortes percentuais que provocariam uma significativa redução nos vencimentos dos «TCP» e, consequente diminuição na diferença salarial em relação ao «SMN» e «SMAP» para valores próximos aos verificados em semelhante contexto no primeiro período analisado.

Uma vez que o contexto de crise actual obriga a redobrados esforços de contenção e redução de despesas nos mais diversos sectores por forma a equilibrar as contas públicas, é por demais evidente que o modelo remuneratório e a política salarial a aplicar, não só agora como no futuro imediato aos «TCP», devem acompanhar esses esforços, seguindo uma linha de orientação racional, equilibrada, justa e flexível.

Não se devendo só, ao âmbito remuneratório emanado do «ERTCP», o qual manteve-se incólume e inalterável nas revisões mais recentes, no que respeita à forma de cálculo que define o montante percentual dos vencimentos e abonos mensais a atribuir aos respectivos titulares, o actual modelo remuneratório falhou no seu conjunto, devido também à insuficiente e desajustada regulação jurídica e fiscal, inscrita no «RJII» que o comporta, permitindo a proliferação e o avolumar de situações mais dúbias no exercício do cargo dos «TCP» e que, no seu todo, criam um sentimento de consternação, indignação e desconfiança dos cidadãos em relação à classe política.

Neste sentido e para finalizar, o presente estudo propõe que seja efectuado no actual modelo remuneratório, cinco alterações substanciais por forma a adequar-se e a responder de forma célere às exigências dos mais variados contextos que no futuro possam vir a provocar novos desequilíbrios e consequentemente a tornar o modelo ultrapassado e/ou injustamente aplicado.

Deste modo, a primeira e segunda alteração, incidem directamente sobre o «ERTCP», enquanto que a terceira alteração, por ser mais abrangente – incidindo, para além do âmbito remuneratório, também no âmbito do regime de exclusividade – implica a revisão do «RJII».

A quarta e quinta alteração incidem especificamente, no âmbito do regime aplicável após cessação de funções e no âmbito do processo de consulta, inscritos e regulados pelo «RJII».

Assim, as alterações a efectuarem-se no actual modelo remuneratório dos «TCP» e propostas neste estudo, não só, obrigam à revisão do «ERTCP» como também, do «RJII».

Sendo a primeira alteração de âmbito remuneratório, esta implica a imediata revisão do seu Estatuto, introduzindo para tal as normas necessárias que regulem, em que termos e quais os pressupostos em que deverá ser feita a actualização dos vencimentos dos «TCP», de modo a evitar que no futuro a mesma seja aplicada de forma arbitrária como já aconteceu ao longo do regime democrático e evidenciado neste estudo.

Deste modo, a respectiva norma ou normas, devem partir do pressuposto de que, a actualização dos vencimentos dos «TCP» só deve ser efectuada num contexto em que a situação económica e financeira do país seja realmente favorável, consistente e que implique automaticamente, a actualização e aumento proporcional do «SMN» e «SMAP», respeitando para tal, e sem excepção, todos os princípios constitucionais a ela inerentes.

Em termos de processo de decisão, a actualização de vencimentos só deve ser aplicada após parecer do Tribunal de Contas e, ouvidos o Conselho Económico e Social e o Conselho de Concertação Social antes de ser aprovada pela Assembleia da República.

No que respeita à forma de cálculo dos montantes em causa, a norma deve também prever um limite remuneratório máximo na sua atribuição, não podendo ser superior em dez vezes (1000%), o vencimento do Presidente da República em relação ao montante do Salário Mínimo Nacional.

A este respeito, importa referir que este limite não implica ter por base uma política de baixa salarial em relação aos «TCP» é, contudo, imperioso reverter a actual situação de desigualdade e injustiça a que levou o modelo de política salarial até agora aplicado, diminuindo para isso a diferença salarial, através do aumento do «SMN», por forma a ser atingido um nível semelhante ao registado em 1986, ou seja, de seis vezes mais (600%) o vencimento médio dos «TCP» em relação ao «SMN».

Neste sentido, como no actual contexto já se verificou, com o corte efectuado nos vencimentos dos «TCP», uma redução de 310% na diferença salarial, torna-se assim necessário que o mesmo, seja permanente e que, o «SMN», seja aumentado gradualmente e no mais curto espaço de tempo em 34%, ou seja, até atingir os 652 euros.

Do mesmo modo, deve-se ter em conta para este cálculo, o «SMAP», o qual deve acompanhar o aumento salarial proposto para o «SMN» até alcançar um valor idêntico, por forma a respeitar a convergência salarial que deveria existir entre os respectivos salários e que nos dois últimos períodos, isto é, desde 1996, foi posta de parte pela política salarial adoptada.

Assim, esta proposta de aumento do «SMN» e «SMAP», além de diminuir para dez vezes (1000%) a diferença salarial em relação ao «PR», tornando mais justo e equilibrado o modelo remuneratório e a política salarial a seguir, aproximará o valor do «SMN» da média europeia e terá repercussões positivas a curto e médio prazo na economia nacional.

Em consonância com a primeira proposta de alteração e, por forma a imprimir maior coerência, racionalidade e flexibilidade ao modelo remuneratório, a segunda alteração incide sobre a regulação do abono mensal para despesas de representação, cujos montantes em causa, são por inerência ao cálculo estipulado na sua atribuição bastante elevados, propondo para tal - exceptuando o titular «JTC» -, que a percentagem de abono mensal que os restantes «TCP» têm direito, seja reduzida para metade, podendo, no entanto, ser criada uma opção para os titulares membros do Governo e Primeiro-Ministro, os quais só por razões excepcionais poderão usufruir da restante parcela no caso de ser estritamente necessário para a realização em pleno da sua actividade e, mediante parecer do Ministério das Finanças.

Esta proposta de alteração, que se resume a uma redução para metade do abono mensal[207], para além de permitir diminuir a diferença salarial, quer em relação aos restantes vencimentos atribuídos para a administração pública, entre os quais o «SMAP», quer também em relação ao «SMN» e, consequentemente reduzir os encargos financeiros do Estado, introduz a natureza do cargo que, conjuntamente com a posição hierárquica, passam a ser os principais critérios de regulação para a atribuição do abono mensal.

Assim, enquanto o actual critério continua a determinar a ordem pela

---

[207] Embora seja uma remuneração, cujo objectivo principal é auxiliar pecuniariamente os «TCP» no exercício do seu cargo é, também um direito que em si não deixa de beneficiar, em último caso, os respectivos titulares, visto que, os mesmos podem usufruir do excedente fora do âmbito profissional, revelando-se assim, um complemento do próprio vencimento. Situação a qual, permite aos «TCP» beneficiar duplamente de uma qualquer actualização salarial a realizar ou já realizada, em virtude de o abono mensal estar indexado percentualmente ao vencimento do próprio titular.

qual é atribuída a percentagem de montante a perceber pelos «TCP» e na qual, a presente alteração põe em situação de igualdade os principais representantes dos órgãos de soberania a receberem 20% do seu vencimento para abono mensal, o critério de natureza do cargo define quais os «TCP» a terem direito à opção de usufruir, se estritamente necessário, do aumento percentual do mesmo.

Uma vez que neste caso mais concreto, para a atribuição do direito ao abono mensal, esteja mais implícita como principal característica a mobilidade e, estando esta associada à natureza do cargo no qual, de entre os «TCP», os membros do Governo e Primeiro-Ministro são os titulares que mais mobilidade lhes é exigida para exercerem o cargo, serão estes também os que terão o direito a esta mesma opção, ou seja, que supostamente necessitarão de usufruir de um montante de abono mensal mais elevado.

A terceira alteração proposta é transversal a todo o modelo, incidindo, não só, no âmbito remuneratório, mas também no âmbito da exclusividade, sendo portanto necessário alterar, em simultâneo com o «ERTCP», o «RJII» nas normas referentes aos Deputados.

Tendo por objectivo, regular o exercício do cargo dos respectivos titulares nos diversos âmbitos em que se desenvolve, o «RJII» torna-se essencial para a forma como é aplicada e avaliada a política salarial, ao imprimir uma eficácia, transparência e superior componente ética e moral que, no entanto, devem ser constantemente melhoradas e adaptadas ao contexto económico-político-social em que se inserem.

É com base neste pressuposto que a presente alteração, a efectuar-se no «RJII», incide sobre a norma que regula o regime de exclusividade, inscrita no artigo n.º 4 e, neste caso mais concreto, no nº 1 do mesmo, propondo para tal, a obrigação de todos os «DAR», sem excepção, exercerem o respectivo cargo em regime de exclusividade e, em consequência disso, revogar no «ERTCP» o n.º 6 do artigo 16º, por forma a retirar o direito ao abono mensal que o respectivo titular beneficiava em regime de exclusividade.

Não sendo uma medida inovadora, a qual por diversas vezes foi proposta e chumbada em larga maioria na Assembleia da República, contrariamente ao argumento defendido por parte da classe política que a recusou, esta alteração, tendo de facto subjacente a ela um princípio limitador que pode ser associado à restrição de certas liberdades e ambições, neste caso específico poria em causa ou evitaria sim, o suposto tráfico de influências, resultante da incompatibilidade de funções existente e que permite ao titular em questão

135

sobrepor ao interesse público as suas ambições e interesses particulares.

Por conseguinte, esta alteração reveste-se de significativa importância porque, para além de diminuir a despesa do erário público, imprime uma maior eficácia, celeridade e consequente transparência e qualidade no exercício das funções inerentes ao cargo do respectivo titular e que, por fim, irá reflectir-se no modo como se desenvolve o modelo remuneratório e respectiva política salarial.

A quarta alteração proposta, incide sobre o preceituado consignado no nº1 do artigo 5º, referente ao "Regime aplicável após cessação de funções", propondo para tal o aumento de 3 para 6 anos do limite do período de "nojo" ao qual os «TCP» estão obrigados a respeitar.

Esta alteração reveste-se de enorme importância para a necessidade de amenizar e até, evitar eventuais conflitualidades de interesse, susceptíveis de criar suspeitabilidades na atribuição de cargos em empresas privadas a ex-titulares[208] que ainda estavam abrangidos pelo mandato ao qual juraram respeitar, conferindo ao próprio processo de regulação mais transparência e equidade.

A quinta e última alteração, visa implementar uma maior transparência no âmbito do processo de consulta e actualização do registo de interesses, ao qual os «TCP» são obrigados a declarar, propondo para tal que seja efectuada uma revisão do actual n.º 5 do artigo 7º-A e, no qual deve ser acrescentado no final do preceituado, "...a consulta do mesmo na internet".

Ainda no mesmo artigo, deve ser aditado um novo ponto que deve prever a actualização obrigatória do registo de interesses no final do mandato de cada titular.

Por fim, o presente estudo recomenda no âmbito das incompatibilidades e impedimentos, relativas aos «TCP», que se tome atenção aos números dos artigos que nunca foram revistos desde que o «RJII» foi criado, nomeadamente o n.º 2 do artigo 9º, referente à "Arbitragem e peritagem" e o n.º 4 do artigo 13º, referente ao "Regime sancionatório".

Estas recomendações, podendo não ser urgentes para a revisão proposta pelo presente estudo, não deixam de ser importantes, sobretudo no actual contexto que, como já aqui foi explanado, obriga a uma regulação mais rigorosa dos direitos remuneratórios, do exercício do cargo dos «TCP» e, consequentes sanções que possam ser aplicadas.

---

[208] A este respeito consultar, Sampaio, Gustavo (2013). *Os Privilegiados*. Lisboa: A esfera dos Livros.

CONCLUSÃO

Este estudo, visou elaborar uma análise sobre a evolução dos vencimentos dos «TCP», a preços correntes, ao longo dos quatro períodos conjunturais que compõem os quarenta anos do actual regime democrático, avaliando em função dos resultados obtidos, se a actualização dos vencimentos se coadunava nos diversos contextos em que era aplicada e, se era justa em relação ao Salário Mínimo Nacional e ao Salário Mínimo da Administração Pública.

Como sendo do âmbito remuneratório, foi também analisada em paralelo a evolução do Estatuto Remuneratório dos Titulares de Cargos Políticos e, consequente enquadramento legal com o Regime Jurídico de Incompatibilidades e Impedimentos, por forma a avaliar e relacionar a regulação e atribuição dos restantes direitos remuneratórios com a evolução dos vencimentos que, em conjunto, determinariam o tipo de política salarial aplicada ao longo dos respectivos períodos.

Posteriormente, foi efectuada uma análise a preços constantes para determinar a tendência da evolução dos vencimentos dos «TCP».

Tendo em conta a investigação, no I Capítulo, correspondente ao período situado entre 1976 e 1986, após a fase de revolução e face ao contexto de sucessivas crises político-económicas, verificar-se-ia na evolução dos vencimentos dos «TCP», um aumento percentual médio inferior em relação ao «SMN» e «SMAP».

Em resultado disso, a diferença salarial face ao valor registado em 1976, diminuiria substancialmente para valores que reflectiam a igualdade e a proporcionalidade introduzida pelo processo de regulação e atribuição dos direitos remuneratórios que se desenvolveu e culminou com a criação do «ERTCP» em 1985.

Integrando também neste processo o sistema de incompatibilidades e impedimentos que iria incutir mais rigor, eficácia e racionalidade na atribuição dos direitos remuneratórios, verificar-se-ia de uma forma geral, que a política salarial desenvolvida neste período, tinha sido aplicada de forma mais justa, igual e transparente, não só, em relação aos próprios «TCP», como também, em relação ao «SMN» e «SMAP»

No II Capítulo, correspondente ao período decorrido entre 1986 e 1996, verificou-se, num contexto caracterizado pela melhoria generalizada da realidade económica, política e social, um aumento exponencial na evolução dos vencimentos dos «TCP» em relação ao «SMN» e «SMAP».

Devendo-se, não só, ao reduzido aumento percentual médio verificado no «SMN» e «SMAP» em relação ao período anterior mas, sobretudo, ao contínuo e exponencial aumento percentual médio dos vencimentos dos «TCP», a diferença salarial, entre ambos, aumentaria substancialmente, atingindo novos valores máximos nunca antes observados.

Associada à evolução positiva e exponencial dos vencimentos dos «TCP», encontrava-se a revisão efectuada no «ERTCP» neste período, pela Lei n.º 102/88, a qual sobressairia das outras, nomeadamente da Lei n.º 16/87 e Lei n.º 26/95, pela actualização exponencial dos respectivos vencimentos.

No entanto, embora seja de realçar o aumento de rigor, eficácia e racionalidade na regulação do «ERTCP» pelas respectivas revisões, devido à introdução do regime de exclusividade como critério de incompatibilidades e impedimentos na atribuição de determinados direitos, não deixaria, mesmo assim, de revelar a forma pouco coerente como o mesmo foi aplicado ao longo deste período.

Em suma, verificar-se-ia que para este período a política salarial desenvolvida foi efectuada de forma parcial, desrespeitando alguns dos princípios constitucionais, tais como, a equidade, a harmonia salarial e a justa repartição da riqueza, beneficiando de sobremaneira os «TCP».

No III Capítulo, correspondente ao período decorrido entre 1996 e 2006, verificou-se o contínuo e superior aumento na evolução dos vencimentos dos «TCP», em relação ao «SMN» e «SMAP».

Num contexto caracterizado pela estabilidade política e fraco crescimento económico que tendencialmente iria agravando-se, o aumento percentual médio dos vencimentos dos «TCP», embora não fosse muito superior aos do «SMN» e «SMAP», não deixava, contudo, de se considerar alto, tendo em conta, os elevados montantes que os mesmos auferiam, acabando por aumentar a diferença salarial, entre ambos, para o valor mais alto verificado em toda a sua evolução.

Assim, embora também se verificasse uma diminuição substancial de ambos os vencimentos em relação ao período anterior, dado o contexto em que terminaria este período, não é exagerado afirmar que os vencimentos dos «TCP» tenham sido exponencialmente aumentados.

Em simultâneo, e a acompanhar mais uma vez a evolução positiva e exponencial dos vencimentos dos «TCP, verificou-se na evolução do «ERTCP», um enfraquecimento na regulação dos direitos remuneratórios devido à eliminação do regime de exclusividade.

A eliminação deste critério de incompatibilidades e impedimentos, para além de beneficiar os «TCP» em determinados direitos, revelou, mais uma vez, a forma pouco coerente como foi sendo aplicado ao longo da evolução do Estatuto Remuneratório dos Titulares de Cargos Políticos, não só, porque era introduzido de forma a beneficiar determinados titulares em relação a outros, mas também devido à sua eliminação em contextos que exigiam o contrário, ou seja, que fosse estendido a mais titulares.

Este facto, associado à longa ausência de revisões e consequente desenquadramento legal do Estatuto Remuneratório dos Titulares de Cargos Políticos com o Regime Jurídico de Incompatibilidades e Impedimentos, seria prejudicial para a regulação dos direitos remuneratórios e do exercício de cargos dos «TCP», influenciando de forma negativa a política salarial desenvolvida neste período.

Em suma, embora seja de realçar, através da eliminação de quase todo o regime de subvenções do «ERTCP», a redução substancial verificada nos direitos remuneratórios, a política salarial desenvolvida e aplicada ao longo deste período continuaria a pautar-se de um modo geral de forma pouco rigorosa, racional e transparente e, sempre em benefício dos «TCP».

No IV Capítulo, correspondente ao último período, decorrido entre 2006 e 2012, verificou-se na evolução dos vencimentos dos «TCP» um aumento gradual da percentagem média dos seus montantes, o qual seria menor em comparação com o aumento percentual médio verificado no «SMN» e «SMAP».

No entanto, se considerados os cortes percentuais nos vencimentos dos «TCP», devido á grave crise económica e financeira que entretanto se instalou, verificar-se-ia que em vez de beneficiarem de um aumento, sofreriam uma redução percentual média negativa substancial a qual iria provocar pela primeira vez na evolução dos vencimentos dos «TCP» uma queda no seu ciclo de crescimento.

Em resultado disso, a diferença salarial dos «TCP» em relação ao «SMN» e «SMAP», sofreria também uma redução que iria atingir um valor muito próximo da diferença salarial registada no final do período decorrido entre 1976 e 1986.

No entanto, se for somado a este facto, a gravidade do actual contexto económico-financeiro e, o facto dos cortes serem temporários, pode-se constatar que no âmbito da actualização dos vencimentos, a política salarial aplicada aos «TCP» não foi tão rigorosa como no período decorrido entre 1976 e 1986.

Para além disso, verificou-se, no âmbito da regulação dos direitos remuneratórios e do exercício do cargo dos «TCP» a inexistência de qualquer medida que no actual contexto se exigia que houvesse.

Em suma, pode-se concluir, considerando os cortes percentuais nos vencimentos dos «TCP», que a política salarial desenvolvida neste período foi em geral aplicada de uma forma justa, racional, e responsável, devendo no entanto ser mais rigorosa e transparente em relação à regulação dos direitos remuneratórios e do exercício do cargo dos «TCP»

No V Capítulo, após uma análise global à evolução dos vencimentos, a preços constantes de 2006, foi possível verificar e confirmar que a política salarial desenvolvida beneficiou os «TCP», em resultado, não só, do superior e contínuo aumento médio registado nos montantes de vencimento dos «TCP», em relação ao «SMN» e «SMAP» ao longo dos vários períodos e, consequente aumento da diferença salarial que atingiria valores nunca antes alcançados mas, sobretudo, devido aos beneficiários do «SMAP» terem visto diminuído o seu montante para um valor inferior ao registado em 1976.

Esta análise, permitiu também revelar a tendência da evolução dos vencimentos dos «TCP», a qual tendo em conta a crise e consequente rigor orçamental das contas públicas a efectuar, é de prever que nos próximos anos continue a manter-se a mesma, podendo, no entanto, sofrer oscilações que não deverão alterar a média da diferença salarial registada nos dois últimos períodos.

Mediante os factos atrás revelados e confirmados, através da análise da evolução dos vencimentos dos «TCP», do «ERTCP» e respectivo enquadramento legal com o «RJII», ao longo dos quatro períodos conjunturais que caracterizaram o actual regime democrático, pode-se afirmar que numa perspectiva global as revisões efectuadas no actual «ERTCP» não tiveram de todo em consideração, a situação económica e social do país quando foram aplicadas.

Com excepção da quinta revisão efectuada pela Lei 52-A/2005, na qual foi eliminado um conjunto de direitos do âmbito das subvenções, a maioria das revisões foram efectuadas sempre de forma exagerada e desadequada ao contexto em que estavam inseridas, quer fosse pelo aumento exagerado dos montantes de determinados direitos remuneratórios, em contextos, cuja situação económica exigia medidas de contenção, quer fosse pelo aumento do número de titulares em contexto idênticos ou até, pela ausência de medidas no sentido de adequar e aperfeiçoar o «ERTCP».

Do mesmo modo, se verificou com a desregulação dos próprios direitos remuneratórios, como se sucedeu com a quarta revisão efectuada pelo Lei n.º 3/2001 que, num contexto de agravamento económico, determinou a eliminação do regime de exclusividade para a atribuição de um montante de abono mensal ou para se ter acesso a determinado montante da subvenção mensal vitalícia.

A respeito do regime de exclusividade e, sendo este um instrumento fulcral do «RJII», a sua aplicação ao longo da evolução do «ERTCP», permitiu enquadrar a regulação dos direitos remuneratório ao sistema de incompatibilidades e impedimentos, incutindo ao «ERTCP» e respectiva política salarial, mais rigor, eficácia e transparência.

No entanto, em consequência das revisões que consecutivamente foram introduzindo e eliminando o regime de exclusividade do Estatuto, em função de interesses de determinado titular, nomeadamente dos Deputados, revelam a forma incoerente como foi e é gerida a aplicação deste instrumento, tornando-se também prejudicial para o «ERTCP».

BIBLIOGRAFIA

Academia das Ciências de Lisboa (Ed.). (2001). *Dicionário da Língua Portuguesa Contemporânea.* (2627ª ed., Vols. I e II). Braga: Editorial Verbo.

Caetano, M. (1983), *Manual de Direito Administrativo.* Coimbra: Almedina. Acedido a 8 de Junho de 2013, em http://www.dgsi.pt/pgrp.nsf.

Canotilho, J., Gomes; J. & Moreira, V. (2005). *Constituição da República Portuguesa – Lei do Tribunal Constitucional.* Coimbra: Coimbra Editora 8ª edição.

Neves. J (1994). *O crescimento económico português no pós-guerra: um quadro global.* Análise Social, Vol. XXIX (128). In http://analisesocial.ics.ul.pt/. Acedido a 17 de Abril de 2013, em http://www.analisesocial.ics.ul.pt.

Torres, A. (2005). *Economia, Ética e Democracia.* In http://www.adelinotorres.com/. Acedido a 21 de Dezembro de 2014 em, http://www.adelinotorres.com/trabalhos/Economia,%20%C9tica%20e%20Democracia.pdf

Weber, M. (2000). *A Política como Profissão.* Lisboa: Edições Universitárias Lusófonas.

INE (2014). Rendimento e condições de vida - 2013, In http://www.ine.pt/do. Acedido a 24 de Maio de 2014, em http://www.ine.pt/.

Bibliografia recomendada

Barreto, A. (Ed.). (2000). *A Situação Social em Portugal, 1960-1999*. Lisboa: Imprensa de Ciências Sociais.

Pinto, J. F. (2013). *Os Políticos e a Crise – De Salazar a Passos Coelho*. Coimbra: Edições Almedina, S.A..

Sampaio, G. (2013). *Os Privilegiados*. Lisboa: A esfera dos Livros.

Legislação

Lei n.º 55-A/2010, de 31 de Dezembro. Orçamento do Estado para 2011.

Lei n.º 12-A/2010, de 30 de Junho. Consolidação orçamental.

Lei n.º 30/2008, de 10 de Julho. Estatuto do Representante da República nas Regiões Autónomas dos Açores e da Madeira.

Lei n.º 52-A/2005, de 10 de Outubro. Alteração à Lei n.º 4/85, de 9 de Abril (ERTCP).

Lei n.º 3/2001, de 23 de Fevereiro de 2001. Alteração à Lei n.º 3/85, de 13 de Março (Estatuto dos Deputados) e à Lei n.º 4/85, de 9 de Abril (ERTCP).

Lei nº 42/96, de 31 de Agosto. Alteração à Lei n.º 64/93, de 26 de Agosto (RJII).

Lei n. 28/95, de 18 de Agosto. Alteração à Lei n.º 64/93, de 26 de Agosto (RJII).

Lei n.º 26/95, de 18 de Agosto. Alteração à Lei n.º 4/85, de 9 de Abril (ERTCP.)

Lei n.º 64/93, de 26 de Agosto. Regime Jurídico de Incompatibilidades e Impedimentos dos Titulares de Cargos Políticos e Altos Cargos Públicos (RJII).

Lei n.º 7/93, de 1 de Março. Alteração à Lei n.º 3/85, de 13 de Março (Estatuto dos Deputados).

Lei n.º 63/90 de 26 de Dezembro. Alteração à Lei n.º 24/84, de 31 de Julho (RRPR).

Lei n.º 56/90, de 5 de Setembro. Revogado. Alteração à Lei n.º 9/90, de 1 de Março (incompatibilidades de cargos políticos e altos cargos públicos).

Lei n.º 9/90, de 1 de Março. Revogado. Incompatibilidades de cargos políticos e altos cargos públicos.

Lei n.º 2/90, de 20 de Janeiro, Sistema retributivo dos magistrados judiciais e do Ministério Público. Alteração à Lei n.º 21/85, de 30 de Julho (Estatuto dos Magistrados Judiciais).

Lei n.º 98/89, de 29 de Dezembro, Incompatibilidades dos deputados. Alteração à Lei n.º 3/85, de 13 de Março (Estatuto dos Deputados).

Lei nº 102/88, de 25 de Agosto. Alteração à Lei n.º 4/85, de 9 de Abril (ERTCP).

Lei nº 33/88, de 24 de Março. Alteração à Lei n.º 24/84, de 31 de Julho (RRPR).

Lei n.º 16/87, de 1 de Junho. Alteração à Lei n.º 4/85, de 9 de Abril (ERTCP).

Lei n.º 144/85, de 31 de Dezembro. Estatuto dos Deputados ao Parlamento Europeu.

Lei n.º 21/85, de 30 de Julho. Rectificação do Estatuto dos Magistrados Judiciais.

Lei n.º 4/85, de 9 de Abril. Estatuto Remuneratório dos Titulares de Cargos Políticos (ERTCP).

Lei n.º 3/85, de 13 de Março. Rectificação do Estatuto dos Deputados.

Lei nº 26/84, de 31 de Julho. Regime Remuneratório do Presidente da República (RRPR).

Lei n.º 28/82, de 15 de Novembro. Lei do Tribunal Constitucional (LTC).

Lei n.º 23/79, de 14 de Julho. Alteração à Lei n.º 5/76, de 10 de Setembro (Estatuto dos Deputados).

Lei n.º 85/77, de 13 de Dezembro. Estatuto dos Magistrados Judiciais.

Lei n.º 5/76, de 10 de Setembro. Estatuto dos Deputados.

Decreto Lei n.º 40-A/85, de 11 de Fevereiro.

Decreto Lei n.º 519-M/79, de 28 de Dezembro.

Decreto-Lei n.º 796/76, de 6 de Novembro. Presidência do Conselho de Ministros.

Decreto Lei n.º 410/74, 5 de Setembro. Presidência do Conselho de Ministros.

Circular Série, n.º 115. Direcção Geral da Contabilidade Pública - Ministério das Finanças.

Webgrafia

http://www.parlamento.pt/DeputadoGP/Paginas/EstatutoRemuneratorioDeputados_anexo.aspx.

http://www.portugal.gov.pt/pt/o-governo/arquivo-historico/governos-constitucionais.aspx, acedido 12 de Abril de 2014.

http://www.portugal.gov.pt/.

http://www.pordata.pt/Portugal.

Procuradoria-Geral da República em http://www.dgsi.pt/pgrp.nsf. Acedido a 10 de Maio de 2013.

Procuradoria-Geral da República de Lisboa em http://www.pgdlisboa.pt/Acedido a 13 de Maio de 2013.

http://www.dn.pt/.

http://www.esquerda.net/.

http://www.eurocid.pt/.

http://ec.europa.eu/portugal/.

http://www.lefigaro.fr/.

http://www.ionline.pt/.

Programas televisivos

FELGUEIRAS, Sandra (2013, Outubro 5). *Sexta às nove*. Lisboa: RTP.

APÊNDICES

Tabela nº 1- Verificação da Proporcionalidade nos vencimentos (euros)

TITULARES DE CARGOS POLÍTICOS

ANO	Venc PR	Var Nom	Tx Var	Venc PAR	Var Nom	Tx Var	Venc PM	Var Nom	Tx Var	Venc M/ MRRA	Var Nom	Tx Var	Venc SE	Var Nom	Tx Var	Venc SUBSE	Var Nom	Tx Var	Venc DAR
1976	353	-71	-25%	282	-70	-33%	212	-24	-13%	188	-26	-16%	162	-24	-17%	138	-44	-47%	94
1984	800	-160	-25%	640	-40	-7%	600	-80	-15%	520	-40	-8%	480	-40	-9%	440	-40	-10%	400
1986	1135	-227	-25%	908	-56	-7%	852	-115	-16%	737	-57	-8%	660	-56	-9%	624	-56	-10%	568

Apêndice II

Tabela n.º 2-A – Evolução dos vencimentos (euros)

1° PERÍODO – 1976/86

TITULAR	1° SUBPERÍODO – 1976/84			2° SUBPERÍODO – 1984/86			TOTAL		
	Venc 1976	Var. Nom 76/84	Tx Var. 76/84	Venc 1984	Var. Nom 84/86	Tx Var 84/86	Venc 1986	Var. Nom 76/86	Tx Var 76/86
PR	353	447	127%	800 c)	335	42%	1135	782	221%
PAR	282	358	127%	640	268	42%	908	626	222%
PM	212	388	183%	600	252	42%	852	640	302%
M	188	332	176%	520	217	42%	737	549	292%
MRRA	188	332	176%	520	217	42%	737	549	292%
SE	162	318	196%	480	200	42%	680	518	320%
SUBSE	138	302	219%	440	184	42%	624	486	352%
DAR	94	306	326%	400	168	42%	568	474	504%
JTC	a)	a)	a)	a)	a)	a)	a)	a)	a)
MÉDIA TCP	202	348	191%	550	230	42%	780	578	313%
SMN	20	58	290%	78	34	44%	112	92	460%
SMAP	20	63	315%	83	35	42%	118	98	490%
MÉDIA SMN/SMAP	20	60	302%	80	34	43%	115	95	475%
SMdSP	b)	b)	b)	b)	b)	b)	b)	b)	b)

a) O cargo de JTC só foi criado em 1982.
b) Não existem dados disponíveis para este período.
c) Vencimento estabelecido pela Lei n.º 26/84, de 31 de Julho.

153

Tabela n.º 2-B – Evolução dos vencimentos (euros)

2º PERÍODO – 1986/96

TITULAR	1º SUBPERÍODO (1986/88)			2º SUBPERÍODO (1988/90)			SUBTOTAL (1986/90)		3º SUBPERÍODO (1990/96)			TOTAL		
	Venc 1986	Var. Nom. 1986/88	Tx Var. 1996/88	Ven c 1988	Var. Nom 1988/90	Tx Var. 1988/90	Var. Nom 1986/90	Tx Var. 1986/90	Venc 1990	Var. Nom. 1990/96	Tx Var. 1990/96	Ven c 1996	Var. Nom. 1986/96	Tx Var. 1986/96
PR	1135	865	76%	2000	2020	101%	2885	254%	4020 b)	750	19%	4770	3635	320%
PAR	908	692	76%	1600	1616	101%	2308	254%	3216	600	19%	3816	2908	320%
PM	852	648	76%	1500	1515	101%	2163	254%	3015	563	19%	3578	2726	320%
M	737	563	76%	1300	1313	101%	1876	254%	2613	488	19%	3101	2364	320%
MRRA	737	563	76%	1300	1313	101%	1876	254%	2613	488	19%	3101	2364	320%
SE	680	520	76%	1200	1212	101%	1732	254%	2412	450	19%	2862	2182	320%
SUBSE	624	477	76%	1100	1111	101%	1587	254%	2211	413	19%	2624	2000	320%
DAR	568	432	76%	1000	1010	101%	1442	254%	2010	375	19%	2385	1817	320%
MÉDIA TCP	780	595	76%	1375	1389	101%	1984	254%	2764	516	19%	3280	2500	320%
JTC	700	a)	a)	a)	a)	a)	a)	a)	a)	a)	a)	4855	3955	565%
MÉDIA TCP (CJTC)	771	a)	a)	a)	a)	a)	a)	a)	a)	a)	a)	3432	2661	347%
SMN	112	a)	a)	a)	a)	a)	63	55%	175	97	55%	272	160	143%
SMAP	118	a)	a)	a)	a)	a)	59	54%	177	84	47%	261	143	121%
MÉDIA SMN/SMAP	115	a)	a)	a)	a)	a)	61	54%	176	90	51%	266	152	132%
SMdSP	178	a)	a)	a)	a)	a)	a)	a)	a)	a)	a)	522	344	193%

a) Não se aplica.
b) Retirado do Procº nº 56/95, ponto n.º 2.8 - Rel. Cons. Alves Correia do Acordam do Tribunal Constitucional in http://www.pgdlisboa.pt/.

Apêndice IV

Tabela n.º 2-C – Evolução dos vencimentos (euros)

3º PERÍODO – 1996/06

TITULAR	Venc 1996	Var. Nom. 96/06	Tx Var. 96/06	Venc 2006
PR	4770	2405	50%	7175
PAR	3816	1924	50%	5740
PM	3578	1803	50%	5381
M	3101	1563	50%	4664
MRRA	3101	1563	50%	4664
SE	2862	1443	50%	4305
SUBSE	2624	1322	50%	3946
DAR	2385	1203	50%	3588
MÉDIA TCP	3280	1653	50%	4933
JTC	4655	1093	23%	5748
MÉDIA TCP (C/JTC)	3433	1591	46%	5024
SMN	272	114	42%	386
SMAP	261	61	23%	322
MÉDIA SMN/SMAP	266	88	32%	354
SMdSP	522	264	51%	786

157

Apêndice V

Tabela n.º 2-D – Evolução dos vencimentos (euros)

4º PERÍODO – 2006/12

TITULAR	1º SUBPERÍODO (2006/09)			2º SUBPERÍODO (2009/12)			TOTAL					
	Venc 2006	Var. Nom 2006/09	Tx Var. 2006/09	Venc 2009	Var. Nom 2009/12	Tx Var. 2009/12	Venc 2012 (C/CORTE)	Var.Nom 2006/12 (C/CORTE)	Tx Var. 2006/12 (C/CORTE)	Venc 2012 (S/CORTE)	Var.Nom 2006/12 (S/CORTE)	Tx Var. 2006/12 (S/CORTE)
PR	7175	455	6%	7630	-1107	-14.5%	6523	-652	-9%	7630	455	6%
PAR	5740	364	6%	6104	-885	-14.5%	5219	-521	-9%	6104	364	6%
PM	5381	341	6%	5722	-830	-14.5%	4892	-489	-9%	5722	341	6%
M	4664	295	6%	4959	-719	-14.5%	4240	-424	-9%	4959	295	6%
MRRA	4664	295	6%	4959	-719	-14.5%	4240	-424	-9%	4959	295	6%
SE	4305	273	6%	4578	-664	-14.5%	3915	-390	-9%	4578	273	6%
SUBSE	3946	251	6%	4197	-608	-14.5%	3588	-358	-9%	4197	251	6%
DAR	3588	227	6%	3815	-553	-14.5%	3262	-326	-9%	3815	227	6%
MÉDIA TCP	4933	313	6%	5246	-761	-14.5%	4485	-448	-9%	5246	313	6%
JTC	5748	382	7%	6130	-613	-10%	5517	-231	-4%	6130	382	7%
MÉDIA TCP (C/JTC)	5023	320	6%	5343	-744	-14%	4599	-424	-8%	5343	320	6%
SMN	386	a)	a)	a)	a)	a)	a)	a)	a)	485	99	26%
SMAP	322	a)	a)	a)	a)	a)	a)	a)	a)	343	21	7%
MÉDIA SMN/SMAP	354	a)	a)	a)	a)	a)	a)	a)	a)	414	60	17%
SMdSP	786	a)	a)	a)	a)	a)	a)	a)	a)	905	119	15%

a) Não se aplica.

159

Tabela Geral n.º 3-A – Média da Taxa de variação dos vencimentos ao longo dos vários períodos

ANO	1º PERÍODO – 1976/86						2º PERÍODO – 1986/96								
	1º SUBPERÍODO 1976/84		2º SUBPERÍODO 1984/86		TOTAL 1976/86		1º SUBPERÍODO 1986/88		2º SUBPERÍODO 1988/90		SUBTOTAL 1986/90		3º SUBPERÍODO 1990/96		TOTAL 1986/96	
TITULAR	TCP	SMN/SMAP	TCP	SMN/SMAP	TCP	SMN/SMAP	TCP	SMN/SMAP	TCP	SMN/SMAP	TPC	SMN/SMAP	TCP	SMN/SMAP	TCP	TCP/JTC	SMN SMAP
Média Tx Var.	191%	302%	42%	43%	313%	475%	76%	a)	101%	a)	254%	54%	19%	a)	320%	347%	132%

a) Não se aplica.

Tabela Geral n.º 3-B – Média da Taxa de variação dos vencimentos ao longo dos vários períodos

ANO	3º PERÍODO – 1996/06			4º PERÍODO – 2006/12								
	TOTAL			1º SUBPERÍODO		2º SUBPERÍODO		TOTAL				
	1996/06			2006/09		2009/2012		2006/12				
TITULAR	TCP	TCP/JTC	SMN/SMAP	TCP	SMN/SMAP	TCP	SMN/SMAP	TCP	TCP/JTC	TCP (Com corte)	TCP/JTC (Com corte)	SMN/SMAP
Média Tx Var.	50%	46%	32%	6%	a)	- 14.5%	a)	6%	6%	- 9%	- 8%	17%

a) Não se aplica.

163

Tabela n.º 4 - Diferença salarial entre vencimentos ao longo dos vários períodos

ANO	1976		1986		1996		2006		2012 (sem corte)		2012 (com corte)	
TITULAR	SMN	SMAP	SMN	SMAP	SMN	SMAP	SMN	SMAP	SMN	SMAP	SMN	SMAP
PR	1665%	1665%	913%	861%	1653%	1727%	1759%	2128%	1473%	2124%	1245%	1802%
PAR	1310%	1310%	710%	670%	1300%	1360%	1387%	1671%	1159%	1680%	976%	1421%
PM	960%	960%	660%	620%	1210%	1270%	1294%	1571%	1100%	1568%	910%	1326%
M	840%	804%	560%	520%	1040%	1090%	1110%	1350%	900%	1346%	780%	1140%
MRRA	840%	804%	560%	520%	1040%	1090%	1110%	1350%	900%	1346%	780%	1140%
SE	710%	710%	510%	480%	950%	1000%	1010%	1240%	800%	1235%	710%	1040%
SUBSE	590%	590%	470%	430%	860%	900%	920%	1130%	700%	1080%	640%	900%
DAR	370%	370%	410%	380%	780%	810%	830%	1010%	700%	1010%	580%	850%
MÉDIA TOTAL	911%		578%		1130%		1293%		1162%		983%	
JTC	a)	a)	525%	493%	1611%	1684%	1389%	1685%	1164%	1687%	1038%	1508%
MÉDIA TOTAL (C/JTC)	a)		570%		1188%		1319%		1187%		1003%	

a) O cargo de JTC só foi criado em 1982.

Apêndice IX

Tabela n.º 5 – Conversão dos vencimentos para valores a preços constantes de 2006

ANO TITULAR	1976		1986		1996		2006		2012 (sem corte)		2012 (com corte)	
	Venc. (Esc.)	Venc. (Pr.const) (Euro)	Venc. (Esc.)	Venc. (Pr.const) (Euro)	Venc. (Esc.)	Venc. (Pr.const) (Euro)	Venc. (Euro)	Venc. (Pr.const) (Euro)	Venc. (Euro)	Venc. (Pr.const) (Euro)	Venc. (Euro)	Venc. (Pr.const) (Euro)
PR	70600$	6773	227100$	3639	954000$	7003	7175	7954	7630	7630	6523	6523
PAR	56480$	5418	181680$	2911	755568$	5546	5740	6364	6104	6104	5219	5219
PM	42500$	4077	170325$	2729	715500$	5252	5381	5966	5722	5722	4892	4892
M	37500$	3597	147400$	2362	620000$	4551	4664	5171	4959	4959	4240	4240
MRRA	37500$	3597	147400$	2362	620000$	4551	4664	5171	4959	4959	4240	4240
SE	32500$	3118	136000$	2179	573240$	4208	4305	4772	4578	4578	3915	3915
SUBSE	27500$	2638	124905$	2001	524700$	3852	3946	4375	4197	4197	3588	3588
DAR	18900$	1813	113550$	1820	477000$	3501	3588	3978	3815	3815	3262	3262
JTC	a)	a)	139958$	2243	931060$	6835	5748	6372	6130	6130	5517	5517
SMN	4000$	384	22400$	359	54400$	399	386	428	485	485	c)	c)
SMAP	4000$	384	23600$	378	52200$	383	322	356	343	343	c)	c)
SMdSP	b)	b)	35600$	570	104400$	766	786	871	905	905	c)	c)

a) O cargo de JTC só foi criado em 1982.
b) Não existem dados disponíveis para este período.
c) Não se aplica.

Apêndice X

Tabela n.º 6 – Evolução dos vencimentos a preços constantes de 2006 (euros)

ANO / TITULAR	1º PERÍODO (1976/86)			2º PERÍODO (1986/96)			3º PERÍODO (1996/06)			4º PERÍODO (2006/12)						
											SEM CORTE			COM CORTE		
	Ven c 1976	Var. Nom	Tx Var.	Ven c 1986	Var. Nom	Tx Var.	Ven c 1996	Var. Nom	Tx Var.	Ven c 2006	Var. Nom.	Tx Var.	Ven c 2012	Var. Nom.	Tx Var.	Venc 2012
PR	6773	-3134	-46%	3639	3364	92%	7003	951	14%	7954	-324	-4%	7630	-1431	-18%	6523
PAR	5418	-2507	-46%	2911	2635	91%	5546	818	15%	6364	-260	-4%	6104	-1145	-18%	5219
PM	4077	-1348	-33%	2729	2523	92%	5252	714	14%	5966	-244	-4%	5722	-1074	-18%	4892
M	3597	-1235	-34%	2362	2189	93%	4551	620	14%	5171	-212	-4%	4959	-931	-18%	4240
MRRA	3597	-1235	-34%	2362	2189	93%	4551	620	14%	5171	-212	-4%	4959	-931	-18%	4240
SE	3118	-939	-30%	2179	2029	93%	4208	564	13%	4772	-194	-4%	4578	-857	-18%	3915
SUBSE	2638	-637	-24%	2001	1851	92%	3852	523	14%	4375	-178	-4%	4197	-787	-18%	3588
DAR	1813	7	0,4%	1820	1681	92%	3501	477	14%	3978	-163	-4%	3815	-716	-18%	3262
JTC	a)	a)	a)	2243	4592	205%	6835	-463	-7%	6372	-242	-4%	6130	-855	-13%	5517
SMN	384	-25	-7%	359	40	11%	399	29	7%	428	57	13%	485	c)	c)	c)
SMAP	384	-6	-2%	378	5	1%	383	-27	-7%	356	-13	-4%	343	c)	c)	c)
SMdSP	b)	b)	b)	570	196	34%	766	105	14%	871	34	4%	905	c)	c)	c)

a) O cargo de JTC só foi criado em 1982.
b) Não existem dados disponíveis para este período.
c) Não se aplica.

Tabela Geral N.º 7 – Média da taxa de variação ao longo dos períodos (preços constantes de 2006)

ANO	1º PERÍODO			2º PERÍODO				3º PERÍODO				4º PERÍODO					
	1976/86			1986/96				1996/2006				2006/12 SEM CORTE		2006/12		2006/12 COM CORTE	
TITULAR	TCP	TCP/ JTC	SMN/ SMAP	TCP	TCP/ JTC	SMN/ SMAP	SMdS P	TCP	TCP/ JTC	SMN/ SMAP	SMdS P	TCP	TCP/ JTC	SMN/ SMAP	SMdS P	TCP	TCP/ JTC
Média Tx Var.	-31%	a)	- 4%	92%	105%	6%	34%	14%	12%	0%	14%	- 4%	- 4%	4%	4%	- 18%	- 17%

a) O cargo de JTC só foi criado em 1982.

171

Tabela 8 – Informação dos vencimentos (euros)

Ano	PR	PAR	PM	M	SE	SUBSE	DAR	MRRA	JTC	SMN	SMAP
1976	353 (a)	282 (*)	212 (*)	188 (b)	162 (*)	138 (*)	94 (c)	188 (b)	(d)	20	20
1986	1135 (e)	908	852	737	680	624	568	737	700 (h)	112	118
1996	4770 (f)	3816	3578	3100	2862	2624	2385	3100	4655 (i)	272	261
2006	7175 (g)	5740	5381	4664	4305	3946	3588	4664	5748 (j)	386	322
2012	7630	6104	5722	4959	4578	4048	3815	4959	6130	485	343
2012 c/corte	6523	5218	4892	4240	3914	3588	3262	4240	5517	(k)	(k)

Legenda:

a) Vencimento estabelecido pela Lei do orçamento do Estado de 1976.
b) Vide, Decreto-Lei n.º 735/76, de 16 de Outubro, artigo 1º.
c) Vide, Lei n.º 5/76, de 10 de Setembro, artigo 8º, n.º 1, Decreto-Lei n.º 506/75de 18 de Setembro
d) O cargo de «JTC» só foi criado em 1982.
e) Vide, Circular Série A 1115.
f) Consultar http://www.parlamento.pt
g) Consultar http://www.parlamento.pt
h) Lei n.º 21/85, de 30 de Julho
i) Fontes de Dados: DGAEP/MF - Sistema Retributivo da Administração Pública - Fonte Pordata
j) Fontes de Dados: DGAEP/MF - Sistema Retributivo da Administração Pública - Fonte Pordata
k) Não se aplica

* Nota: Para o ano de 1976, devido à impossibilidade de obter os dados referentes aos montantes de vencimento dos «PAR, «PM», «SE» e «SUBSE» para os determinar, aplicou-se o cálculo estipulado pelo «RRPR», ou seja, obteve-se os respectivos montantes através do vencimento do «PR», tendo em conta, os montantes de vencimento dos «M», «MRRA» e «DAR», de modo, a não influenciar o resultado da análise.

Apêndice XIII

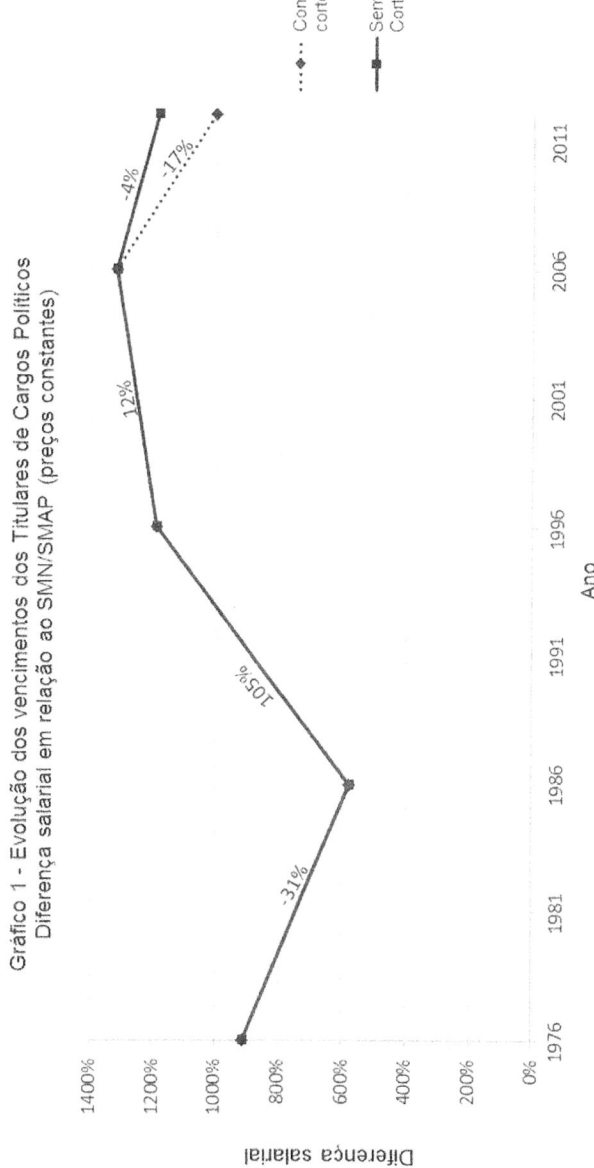

Gráfico 1 - Evolução dos vencimentos dos Titulares de Cargos Políticos
Diferença salarial em relação ao SMN/SMAP (preços constantes)

Apêndice XIV

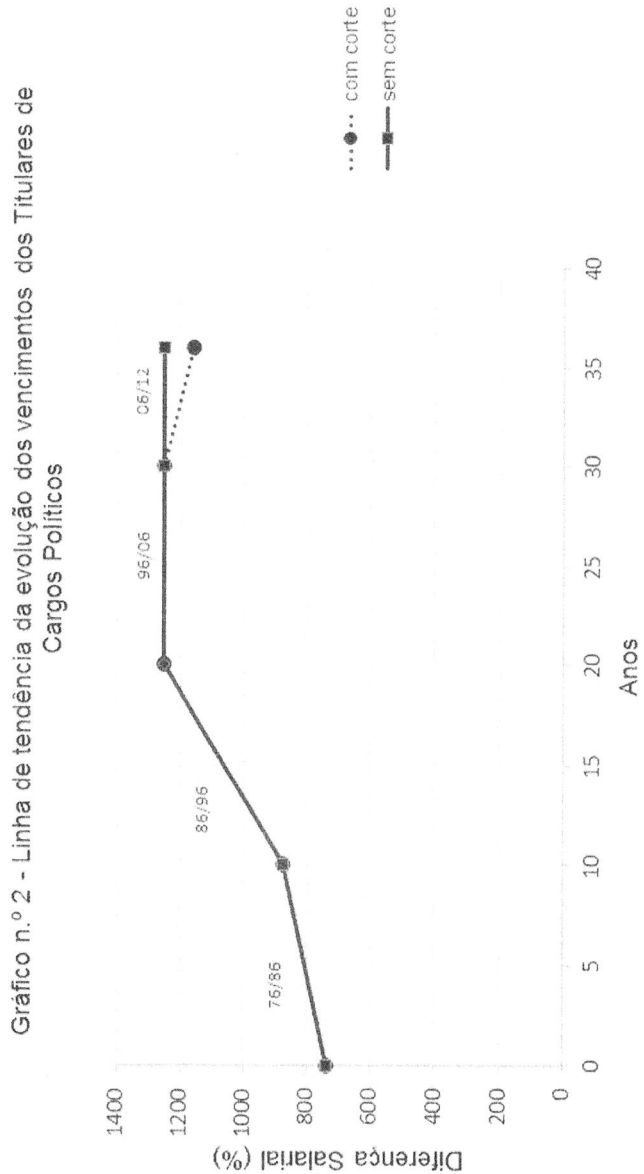

Gráfico n.º 2 - Linha de tendência da evolução dos vencimentos dos Titulares de Cargos Políticos

www.ingramcontent.com/pod-product-compliance
Lightning Source LLC
Chambersburg PA
CBHW062003280526

45787CB00005B/1978